ÉTUDE

SUR LE

PIGNUS EN DROIT ROMAIN

SUR LE

GAGE COMMERCIAL ET LES WARRANTS

EN DROIT FRANÇAIS

Code de commerce, 91 à 93. — Loi du 23 mai 1863. — Loi du 28 mai 1858.
— Décret réglementaire du 12-31 mars 1859.

Gachassin-Lafite

BORDEAUX

IMP. DUVERDIER ET Cⁱᵉ (DURAND, DIRECTEUR), RUE GOUVION, 7

1872

FACULTÉ DE DROIT DE BORDEAUX

ÉTUDE

sur le

PIGNUS EN DROIT ROMAIN

sur le

GAGE COMMERCIAL ET LES WARRANTS

EN DROIT FRANÇAIS

Code de commerce, 91 à 93. — Loi du 23 mai 1863. — Loi du 28 mai 1858. — Décret réglementaire du 12-31 mars 1859.

THÈSE POUR LE DOCTORAT

soutenue

Par Léon GACHASSIN-LAFITE

Procureur de la République à la Réole

Né à Sayres (Gironde)

BORDEAUX

IMP. DUVERDIER ET Cie (DURAND, DIRECTEUR), RUE GOUVION, 7

1872

FACULTÉ DE DROIT DE BORDEAUX

COMMISSION DE LA THÈSE

A mon cousin Félix BRETENET

Président du Tribunal civil à Bordeaux

à

MES PARENTS

à

MES AMIS

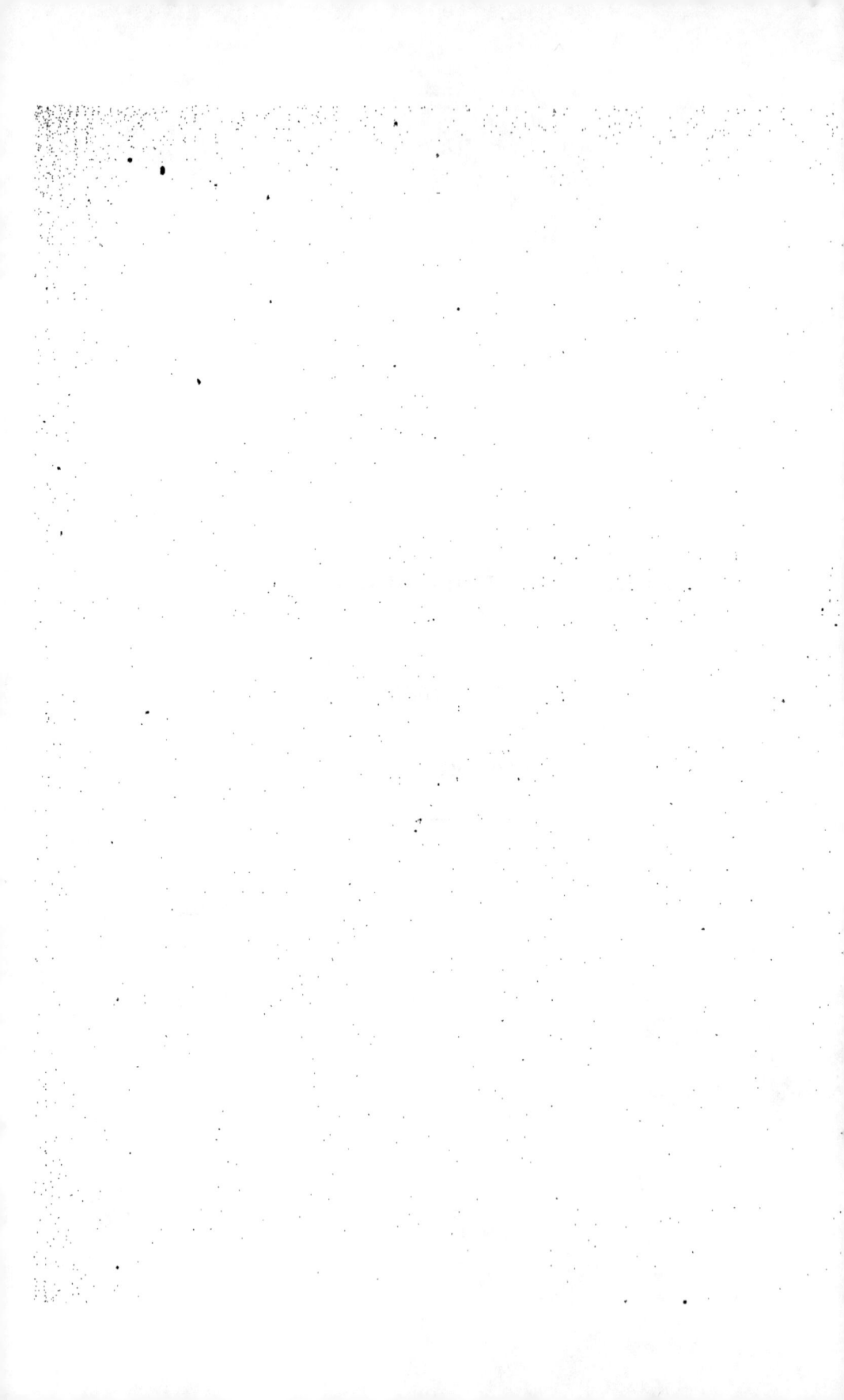

DROIT ROMAIN

DU GAGE

INTRODUCTION

L'objet de cette étude est de rechercher dans le Droit
romain les origines du contrat de gage, en prenant ce mot
dans l'acception toute spéciale qui lui est donnée dans notre
langue juridique. Chez nous, le gage est un contrat par lequel un débiteur remet à son créancier une chose *mobilière*
pour la garantie de sa dette (¹). Le mot *gage,* ainsi réservé
pour désigner la remise en garantie des choses mobilières, ne correspond pas entièrement au mot *pignus* des
Romains.

A Rome, le mot *pignus* s'appliquait d'une manière générale à toutes les garanties réelles, données par un débiteur
à son créancier. Il comprend alors, non-seulement le gage,
mais l'hypothèque; quelquefois même *pignus* et *hypotheca*
sont pris indifféremment l'un pour l'autre. Mais à proprement parler et en prenant les mots dans leur sens strict, il y
a *pignus* quand la chose donnée en gage passe en la possession du créancier. Si le débiteur conserve la possession de
sa chose, on dit alors qu'il y a hypothèque : « *Proprie pignus*

(¹) C. civ., art. 2072.

1

dicimus quod ad creditorem transit; hypothecam, quum non transit, nec possessio ad creditorem ([1]). » Nous verrons plus loin que cette différence qui existe entre le gage et l'hypothèque est capitale et qu'elle en entraîne un grand nombre par voie de conséquence.

Les Romains n'avaient pas admis comme *summa rerum divisio* la classification des choses en mobilières et immobilières, qui a été consacrée par notre Droit civil. Cette grande division prise de la nature des choses, qui est dans notre droit moderne d'une si fréquente application, n'existait pas chez eux, ou du moins ne présenterait pas un caractère absolu. La différence juridique qui existe entre les meubles et les immeubles n'avait pourtant pas échappé à ces profonds jurisconsultes; on trouve nombre de textes où la distinction est faite entre les *res mobiles* et les *res soli*, mais cette division était bien loin d'être aussi générale, partant aussi importante que chez nous. A l'occasion du gage, la distinction est indiquée, sans qu'il paraisse résulter des textes que les jurisconsultes en aient tiré de grandes conséquences. « *Pignoris appellatione eam proprie rem contineri dicimus quæ simul etiam traditur creditori, maxime si mobilis sit* ([2]). » Nous trouvons la même idée énoncée dans un texte du Digeste, mais avec une légère variante : « *Pignus appellatum a pugno, quia res quæ pignori dantur manu traduntur; unde etiam videri potest rerum esse quod quidam putant, pignus proprie rei mobilis constitui* ([3]). » Le contrat de gage pouvait donc être constitué tant sur les meubles que sur les immeubles; mais le mot *pignus* était plus spécialement employé, comme l'indiquent les textes que nous venons de citer, pour désigner le gage établi sur des choses mobilières.

Le contrat de gage, ainsi que l'antichrèse et l'hypothèque, forment ce que les économistes modernes ont appelé le

---

([1]) Dig., XIII, 8, *de pign. act.*, l. 9, § 2. — ([2]) Just., Inst., IV, 6, *de actionibus*, § 7. — ([3]) Dig., L, 16, *de Verb. sign.*, l. 238, § 1, Gaius.

crédit réel. Le crédit est la faculté que possède un individu de trouver des prêteurs. Si le prêteur, confiant dans la solvabilité et la probité d'une personne, consent à lui faire des avances sans exiger aucune garantie spéciale sur ses biens, on dit qu'il y a *crédit personnel*. Si, au contraire, le capitaliste ne consent à se dessaisir de ses capitaux que moyennant l'abandon d'un droit sur une chose déterminée qui lui garantisse le remboursement, il y a alors *crédit réel*. Le crédit personnel est de beaucoup le moins sûr. « *Tutius est rei incumbere et possidere quam in personam agere* ([1]). »

Les Romains, plus adonnés à la guerre et à l'agriculture qu'au commerce, qu'ils méprisaient et abandonnaient aux esclaves et aux affranchis, avaient donné très-peu d'extension aux institutions de crédit. Le contrat de gage se développa très-lentement comme nous le verrons, et l'hypothèque n'apparut que très-tard; encore tout porte-t-il à croire que cette dernière fut empruntée à la législation grecque.

L'étude du Droit romain révèle un vice radical dans le système du crédit réel d'alors. Aucune disposition n'avait été prise pour indiquer aux tiers intéressés l'existence des charges dont les biens des citoyens étaient grevés. L'hypothèque s'établissait par un simple pacte, de telle sorte que rien n'empêchait un emprunteur, après avoir constitué sur ses biens des hypothèques considérables et susceptibles d'en absorber la valeur tout entière, de les engager de nouveau à un autre créancier, sans que rien vînt révéler à ce dernier l'existence des charges qui grevaient déjà les biens donnés en gage.

Ce qui était possible pour l'hypothèque pouvait également se produire lorsqu'il s'agissait d'un gage. Les Romains exigeaient que l'objet donné en gage fût remis entre les mains du créancier gagiste. Mais ils avaient fini par admet-

---

([1]) Dig., XLIII, 18, *de superf.*, l. 1, § 1, Ulp.

tre, avec quelques difficultés il est vrai, que l'emprunteur,
après avoir donné sa chose en gage, pourrait la recevoir à
titre de précaire (¹). La présence de la chose engagée entre
les mains du débiteur pouvait tromper les tiers en leur donnant une confiance exagérée en sa solvabilité. Le débiteur
pouvait en outre, abusant de sa possession, la donner de
nouveau en gage ou la grever d'une hypothèque.

Cet état de chose nuisait considérablement au crédit et
était très-préjudiciable, à la fois, aux prêteurs et aux emprunteurs. Les premiers n'étaient jamais, malgré les sûretés
qui leur étaient données, assurés du remboursement de leur
créance; les seconds trouvaient difficilement du crédit et ne
l'obtenaient qu'à des conditions onéreuses. La science éco-
nomique enseigne, en effet, que l'intérêt d'un capital se
compose de deux éléments : du loyer de l'argent, de l'assurance contre la perte. Lorsqu'il n'y a qu'une faible chance
de perte, l'intérêt est bas, parce que l'élément qui constitue
l'assurance est presque imperceptible. Mais plus il y a de
risque, c'est-à-dire plus la confiance intervient, plus la prime
d'assurance est forte. On comprend qu'à Rome le défaut
de garanties certaines de remboursement pour les créanciers devait nécessairement produire l'élévation du taux de
l'intérêt.

Ce grave inconvénient ne se produit pas dans notre
législation française. Il est toujours facile de savoir d'une
manière certaine si les biens d'une personne sont grevés de
charges et dans quelle mesure. Les hypothèques doivent en
effet être rendues publiques par inscription sur des registres
pour pouvoir produire des effets à l'égard des tiers. Il faut
en outre, sous peine de nullité, que l'objet donné en gage ait
été remis et soit resté entre les mains du créancier gagiste.
La fraude est donc devenue très-difficile sinon impossible.

(¹) Dig., XLIII, 26, *de prec*, L. 6, § 4, Ulp.

I

EXPOSÉ HISTORIQUE DES MODIFICATIONS SUBIES PAR LE CONTRAT DE GAGE

A quelle époque remonte l'usage du contrat de gage? Devons-nous faire remonter son origine jusqu'à la Loi des Douze Tables? Il est difficile de décider cette question à l'aide des textes, qui, sur ce point, nous font complétement défaut. Il n'est pas parlé de ce contrat dans ce qui a été conservé du texte de la Loi des Douze Tables qui, malheureusement, ne nous est parvenu que fort incomplet. Aussi ne peut on tirer aucun argument de ce défaut de mention dans la loi. Il est permis même de supposer que cette matière était traitée dans les passages qui ne nous sont pas parvenus, puisque Gaius s'en était occupé dans le commentaire qu'il avait fait de cette loi. La loi 238 du titre *de verb. sign.*, que nous avons citée plus haut, est empruntée au commentaire de cette loi, ainsi que l'indique la rubrique.

Quoi qu'il en soit, nous retrouvons le contrat de gage à une époque postérieure, mais alors il est soumis à des règles particulières, qui n'existent plus du temps de Justinien. Dans l'ancien droit, les contrats étaient soumis à un formalisme excessif. Le débiteur qui voulait donner sa chose en garantie devait procéder par voie détournée. Il devait d'abord transférer la propriété de la chose qu'il se proposait d'engager par l'un des modes d'acquérir reconnus par la loi, la *mancipatio* ou l'*in jure cessio*, suivant qu'il s'agissait d'une chose *mancipi* ou *nec mancipi*. La chose devenait ainsi la propriété exclusive du créancier; mais celui-ci devait alors s'engager, par un contrat appelé *fiducia*, à remanciper ou rétrocéder la chose, lorsque la dette qu'elle devait garantir aurait été acquittée. Ce second contrat, *fiducia*, était une sorte de *nexum*, engagement solennel qui liait le créancier et le mettait dans l'obligation de retransférer un jour, *sub lege remancipationis*, l'objet dont la propriété avait été transmise. Ce procédé, qui porte l'empreinte du formalisme du droit primitif des Romains, était encore en vigueur du temps des jurisconsultes classiques ([1]).

La dette une fois payée, le débiteur avait, pour obtenir la restitution de sa chose, l'action *fiduciæ directa* que Gaius nous dit être une action *bonæ fidei* ([2]). Cette action était personnelle. Le débiteur, qui avait transmis à son créancier la propriété, ne pouvait plus faire usage de la *rei vindicatio*; il était à la merci de son créancier. Dans ce contrat de *fiducie*, c'était lui qui se fiait; non-seulement il se privait de la possession de sa chose, mais encore il en abandonnait la propriété à son créancier. Si celui-ci, au mépris de son engagement de *fiducie*, aliénait la chose, ce qu'il pouvait faire puisqu'il était propriétaire, le débiteur n'aurait pas pu revendiquer contre les tiers. Il en eût été réduit à une simple action personnelle contre son créancier, action illusoire au cas d'insolvabilité de ce dernier. Pour éviter ou amoindrir ce grave inconvénient, le législateur facilitait au débiteur les moyens de recouvrer la propriété de sa chose. S'il venait à en reprendre la possession, il pouvait l'usucaper malgré sa mauvaise foi, par le laps de temps d'une année. « *Qui rem alicui fiduciæ causa mancipio dederit vel in jure cesserit, si eamdem ipse possiderit potest usucapere, anno scilicet, etsi soli* ([3]). » C'était là ce qu'on appelait l'*usureceptio*.

([1]) Gaius, c. ii, § 52. — ([2]) Gaius, c. iv, § 62. — ([3]) Gaius, c. ii, § 59.

Quoique le créancier fût constitué propriétaire, il ne jouissait pas néanmoins de tous les droits inhérents à la propriété. Les jurisconsultes n'avaient pas poussé les principes jusqu'à leurs extrêmes conséquences, sentant bien qu'ils auraient abouti à une grande iniquité. Ainsi le créancier qui a reçu en fiducie un esclave, ne fait pas cependant les fruits siens, il doit les imputer sur le montant de sa créance. Les acquisitions que fait l'esclave donné en fiducie profitent au débiteur, *sortem debiti minuit* (¹).

Le créancier devenu propriétaire n'aurait pas pu acheter la chose à lui engagée. « *Debitor creditori fiduciam rendere non potest* (²). » On ne peut en effet acheter une chose dont on est déjà propriétaire. Mais le débiteur pouvait vendre à un tiers la chose engagée, à l'aide du prix payer son créancier, et, après l'avoir ainsi désintéressé, le contraindre à lui remanciper la chose qu'il pouvait alors livrer à son acquéreur (³). Ce résultat s'explique par cette considération qu'en Droit romain la vente de la chose d'autrui est valable.

A défaut de paiement à l'échéance, le créancier fiduciaire pouvait dans le très-ancien droit, garder la chose engagée et se l'approprier, cela paraît du moins infiniment probable. Le contrat de fiducie ne l'obligeant à retransférer la propriété de la chose que s'il était payé, l'action résultant de la fiducie était donc subordonnée à l'accomplissement de cette condition. Le droit de conserver la chose après l'échéance était une conséquence de l'aliénation, et il n'était donc pas besoin pour cela d'une clause spéciale, d'une *lex commissoria*. « L'échéance arrivée, nous dit Bachofen, le débiteur qui n'avait pas payé, perdait toute espèce de droits, quelle que fût la disproportion entre le montant de la créance et la valeur de la chose; jamais il n'est question de la restitution de l'excédant, et le rachat de la chose est désor-

---

(¹) Paul, *Sent.*, II, 13. — (²) Paul, *Sent.*, III, 13. — (³) Paul, *Sent.*, III, 13.

mais impossible. Ce n'est que plus tard que les principes se modifièrent (¹). »

La chose étant devenue la propriété du créancier, celui-ci pouvait la vendre, comme nous l'avons vu plus haut, et la vente eût été valable, même dans le cas où elle aurait eu lieu avant l'échéance de la dette. Dans ce cas seulement, le débiteur aurait eu une action personnelle contre son créancier. Si, au contraire, la vente a lieu à l'échéance et à défaut de paiement de la part du débiteur, celui-ci n'a aucune action contre le créancier, à moins toutefois que le prix de la vente n'excède le montant de la dette, auquel cas le débiteur avait l'action *pignoratitia directa* pour réclamer la différence (²).

La convention intervenue entre le débiteur et le créancier, d'après laquelle ce dernier ne pourrait vendre la fiducie à défaut de paiement à l'échéance, n'est pas un obstacle absolu à la vente. Le créancier qui n'était pas payé était seulement tenu, avant de procéder à la vente, de faire à son débiteur une dénonciation solennelle (³).

Si, à l'aide d'une vente, le créancier fiduciaire pouvait soustraire la chose à l'action de son débiteur, il ne le pouvait pas à l'aide d'un legs. Si la chose avait été léguée soit à un héritier, soit à un tiers, le débiteur n'en conservait pas moins son action de fiducie, qu'il pouvait alors intenter contre tous les héritiers (⁴).

De même que le débiteur avait contre le créancier une action pour recouvrer sa chose après le paiement de sa dette, de même aussi le créancier avait contre le débiteur une action pour se faire rembourser les dépenses qu'il aurait pu faire dans l'intérêt de la chose. « *Si creditor rem fiduciæ fecerit meliorem, ob ea recuperanda quæ impendit, judicio fiduciæ debitorem habebit obnoxium* (⁵). »

_____

(¹) Bachofen, *Lehren des römischen civilrechts*, Bonn, 1840. — (²) Paul, *Sent.*, II, 13, § 1. — (³) Paul, *Sent.*, II, 13, § 3. — (⁴) Paul, *Sent.*, II, 13, § 6. — (⁵) Paul, *eod.*, § 7.

Malgré les tempéraments qui avaient été apportés à la rigueur du contrat de fiducie, il présentait cet immense inconvénient que le débiteur, en transmettant à son créancier la propriété de sa chose, se livrait à sa merci. Aussi quand les formalités rigoureuses du droit primitif allèrent s'affaiblissant, la fiducie tomba peu à peu en désuétude et finit par disparaître. Il n'en est plus question sous Justinien, et on n'en trouve des traces que dans les écrits de Gaius et de Paul. Le *pignus* se substitua alors à la fiducie. Dans ce contrat, l'emprunteur conserve la propriété de sa chose; il n'en transmet plus que la possesion.

Le *pignus* était incontestablement un progrès sur la fiducie, mais il présentait encore de graves inconvénients. La nécessité de remettre la chose engagée pour constituer le gage pouvait être préjudiciable tout à la fois aux deux parties, à l'emprunteur et au prêteur. L'emprunteur, en livrant sa chose, était obligé de renoncer à la jouissance; il épuisait ainsi d'un coup son crédit. La chose ayant été une fois donnée en gage, ne pouvait, quelle que fût sa valeur, être engagée de nouveau, alors même qu'elle présentait une valeur bien supérieure à la créance garantie. Le prêteur, de son côté, était obligé de conserver la chose de son débiteur. Il en résultait pour lui un embarras, par suite des soins qu'il était obligé d'y apporter. De plus, il pouvait être inquiété par la responsabilité que lui imposait cette garde. Le contrat de gage ne produisait d'ailleurs qu'une garantie insuffisante, car il n'engendrait qu'une action personnelle contre le débiteur pour la délivrance de l'objet. Si le créancier venait à perdre la possession de la chose engagée, il n'avait pas une action réelle pour la recouvrer; il n'était protégé que par de simples interdits, ressource souvent inefficace.

On remédia bien au vice résultant de la possession de la chose par le créancier gagiste, au moyen d'un bail que le constituant recevait du gagiste, ou, du moins, au moyen d'une concession de *précaire*. Ulpien nous apprend que ce dernier point avait fait difficulté. On n'admettait pas qu'une personne pût recevoir à précaire la chose dont elle était propriétaire. Le débiteur constituant, conservant la propriété de la chose donnée en gage, ne pouvait donc pas la détenir à titre de précaire. « *Quæstio in eo est*, dit le jurisconsulte, *ut precarium consistere rei suæ possit* ([1]). » Mais l'utilité pratique prévalut sur une analyse trop rigoureuse, quoique exacte, des principes du Droit romain, et l'on admit la validité de ce précaire en considérant qu'il avait pour objet, non pas la propriété, mais la possession de la chose. « *Quum possessionis rogetur precarium, non proprietatis, et est hæc sententia etiam utilissima* ([2]). » Cet expédient fut fréquemment pratiqué, comme nous l'indique Ulpien. Mais il fallut un progrès nouveau du droit et l'invention de l'action quasi-servienne, pour faire disparaître les autres inconvénients qui résultaient de cette organisation de la garantie réelle qu'on appelait *pignus*.

Le préteur romain, prenant en considération l'intérêt des créanciers et des débiteurs, songea à fortifier les garanties qui appartenaient déjà au créancier gagiste, et, dans ce but, il emprunta à la théorie nouvelle de l'hypothèque pour l'attacher au gage une action réelle qui servit au gagiste pour reprendre la chose engagée entre les mains des tiers. On sait que l'intérêt du crédit agricole fut à Rome l'origine de l'hypothèque. Le gage nécessitant la dépossession du débiteur était impraticable pour un fermier de fonds rural, qui avait pour unique moyen de crédit les instruments de son travail.

Le préteur Servius, antérieur à Cicéron, admit que, si un fermier (*colonus*) était convenu d'affecter spécialement ses outils à la sûreté de la créance du fermage, cette seule convention engendrait une action réelle prétorienne op-

---

([1]) Dig., xliii, 26, *de prec.*, l. 6, § 4. — ([2]) Dig., xliii, 26, *de prec.*, l. 6, § 4.

posable à tout détenteur de ces objets et par laquelle le
bailleur ressaisissait au besoin son *gage* (¹). Cette action (²)
était une *vindicatio pignoris*. On peut conjecturer qu'elle
n'était que le développement d'une sorte de constitut possessoire tacite, d'abord admis au profit du bailleur d'un
bien rural, et dont la supposition devient bientôt superflue.
Peut-être aussi la circonstance que les choses affectées
étaient des *res illatæ, invectæ in fundo*, aida-t-elle à faire admettre cette innovation, puisqu'on pouvait voir là une
espèce de possession pour le propriétaire, les choses affectées étant en quelque sorte à sa disposition.

L'influence de la Grèce élargit la réforme. On connaissait
dès longtemps à Athènes et en Asie-Mineure l'hypothèque,
droit réel établi par convention et dont la publicité était
assurée par des colonnes placées sur les biens grevés
(υπο-τιθημι, d'où est venu le mot *hypothèque*). Le préteur,
développant en effet la sphère de l'action quasi-servienne,
l'étendit à toutes les créances sous le nom d'action *quasi
serviana vel hypothecaria*. Elle fut accordée toutes les fois
qu'un objet avait été grevé d'un droit d'hypothèque par
simple convention pour sûreté d'une créance. L'action hypothécaire, une fois créée, fut étendue au cas où un droit de
gage avait été constitué par tradition. Le simple gagiste eut
donc un droit réel de même nature sous ce rapport.

Cependant des romanistes allemands, M. Bachofen entre
autres (³), dont M. Demangeat a suivi les opinions, ont vu dans
le mot *hypothèque*, non point l'indice d'une institution nouvelle, mais simplement un mot nouveau pour désigner une
chose ancienne introduite dans la langue du droit du temps
de l'empire. D'après eux, le *pignus* put de très-bonne heure
se constituer de deux manières : avec ou sans tradition. Et,

(¹) Dig., xx, 6, *in quibus caus. pign. vel hypoth.*, l. 14. — (²) Code, viii, 15,
in quibus caus. pign., c. 7. — (³) Bachofen, *Lehren des römischen civilrechts*,
Bonn, 1819. *(Revue de législ.*, 1818, t. iii.)

pour ce dernier cas, le préteur avait créé d'abord un interdit, l'interdit Salvien, et plus tard une action réelle, l'action
servienne. Dans le système de Bachofen, l'utilité unique de
la tradition était de conférer au créancier les facultés qu'il
n'aurait pu exercer sans elle, par exemple la perception des
fruits. Elle était indifférente pour la constitution du gage
lui-même.

Il nous paraît plus conforme à la vérité historique de
penser que, dans la législation primitive essentiellement for-
maliste, le gage ne pouvait se constituer que par le moyen
d'une tradition. L'idée d'un droit réel dérivant d'une simple
convention est absolument étrangère à l'esprit d'une loi
qui rattachait la naissance d'un droit à un fait matériel.
Le *pactum hypothecæ* est d'importation étrangère. Cicéron
nous apprend que les Romains qui habitaient la Grèce et
l'Asie employaient l'hypothèque. Les gouverneurs de pro-
vince durent la régler dans leurs édits, et du droit provin-
cial elle passa dans le Droit romain. Le préteur urbain dut
l'admettre à Rome dès le temps même de Cicéron (¹).

Il est facile de comprendre l'avantage résultant de
ce développement nouveau donné au crédit réel à Rome.
Non-seulement, chose inappréciable, l'emprunteur conservait la possession de la chose ; mais encore, la tradition n'étant
plus nécessaire, rien ne s'opposait à ce qu'une chose déjà
donnée en garantie à un créancier ne fût de nouveau offerte
à un second. Dans ce cas, le dernier créancier avait sur la
chose un droit de préférence, mais qui était primé par celui
du créancier antérieur. On pouvait même conférer une
hypothèque sur une chose remise entre les mains d'un
tiers à titre de *pignus*. Ce système était d'une très-grande
simplicité, et contrastait avec le formalisme rigoureux du
Droit civil romain. On lui fait cependant un reproche

(¹) Cicéron, *ad familiares*, XIII, 56.

mérité. En facilitant ainsi la constitution de l'hypothèque, le prêteur n'avait pas pris en considération suffisante les intérêts des tiers. Rien ne pouvait les avertir des charges occultes dont les débiteurs grevaient leurs biens par simple convention, et les fraudes devenaient très-faciles. Pour les prévenir, le législateur se contenta de frapper de pénalités sévères les stellionataires, c'est-à-dire ceux qui, frauduleusement, hypothéquaient une chose déjà engagée sans en avertir le créancier.

II

DES CARACTÈRES DU GAGE ET DE SES DIFFÉRENTES ESPÈCES

A. — *Des caractères du gage.*

Le gage est un contrat par lequel une personne ordinairement débitrice remet une chose entre les mains d'un créancier pour la sûreté de sa créance, à charge par le créancier de la conserver et de la rendre après libération. Ce contrat, que les jurisconsultes appelaient *pigneratitius contractus* ou simplement *pignus*, présentait différents caractères que nous allons analyser.

Le gage était, en effet, à la fois un contrat réel, un contrat de droit des gens, un contrat de droit civil, un contrat de bonne foi, un contrat unilatéral, un contrat accessoire et un contrat à titre onéreux.

1° Le gage est un *contrat réel,* c'est-à-dire un contrat dont la *causa civilis* consiste dans la livraison d'une chose, *res,* en d'autres termes un contrat qui ne devient obligatoire que par le fait de la livraison d'une chose. La tradition, qui est en quelque sorte la cause efficiente du contrat, présente, en matière de gage, ce caractère particulier qu'elle confère au gagiste la *possessio ad interdicta.* Il faut bien, en effet, qu'il ait le moyen de faire maintenir ou de reprendre, en cas de trouble ou de dépossession, la détention de l'objet qui garantit sa créance.

Au premier abord, l'esprit peut s'étonner qu'un simple créancier gagiste, dont le titre est exclusif de *l'animus domini,* puisse invoquer la possession *ad interdicta;* mais il faut remarquer que, pour avoir cette possession, il n'est pas nécessaire d'avoir *l'animus domini,* mais seulement *l'animus rem sibi habendi.* Or, on ne peut contester que le gagiste ait l'intention de s'attribuer le bénéfice de la possession de la chose, en tant qu'il est conforme à la nature de son droit. On peut même dire qu'il a éventuellement *l'animus domini,* puisqu'il a le droit de vendre la chose et d'en toucher le prix dans la mesure de sa créance. C'est là, vraiment, une partie de *l'abusus.*

2° Le gage est un contrat *de droit des gens.* En effet, le gage prend son origine, non dans le droit positif romain, mais dans le droit général, comme le prêt, la vente, le louage, etc. Il rentre, par conséquent, dans la définition que, dans ses Institutes, Justinien a donné du droit des gens, lorsqu'il nous dit que ce droit est *quod naturalis ratio inter omnes homines constituit et apud omnes populos peræque custoditur* (¹). La conséquence pratique qui découle de ce ca-

---

(¹) JUST., *Inst.,* 1, 2, *de jure nat., gent.,* § 1.

ractère reconnu au contrat de gage, c'est qu'il était acces-
sible même aux *pérégrins*.

3° Le gage est un *contrat de droit civil*, en employant cette
expression par opposition à celle de *contrat de droit prétorien*.
En effet, le gage a été introduit dans la législation romaine
par la doctrine des jurisconsultes, et fait partie de ce
qu'on a appelé le droit civil non écrit. Le préteur n'a pas
créé l'institution, il s'est borné (sur ce point) à sanctionner le droit civil.

4° Si l'on se place maintenant au point de vue de la
nature des actions qui naissent du contrat, le gage est un
contrat de bonne foi. Il donne, en effet, naissance, dans
les rapports des parties contractantes, à deux actions qui
sont de bonne foi : l'action *pigneratitia directa*, l'action
pigneratitia contraria. L'action de bonne foi est celle dont
la formule donne au *judex* le pouvoir d'apprécier l'existence
et l'étendue des obligations d'après l'équité ([1]).

L'intérêt pratique qui s'attache à ce caractère est consi-
dérable : les conséquences diverses qui découlent de cette
nature du contrat de bonne foi assignée au gage sont, en
effet, aussi nombreuses que les effets divers qui résultent
des deux sortes d'actions *stricti juris et bonæ fidei*.

5° Le gage est un contrat *unilatéral*. Nous n'ignorons
pas que les auteurs présentent le gage comme un contrat
bilatéral ou synallagmatique imparfait. Mais quand nous
avons voulu soumettre cette proposition à une rigoureuse
analyse, nous avons cru y découvrir quelque inexactitude;
qu'il nous soit permis dans cette thèse de proposer sur ce
point quelques critiques. Cette subdivision des contrats
bilatéraux, en bilatéraux parfaits et bilatéraux imparfaits,
nous est parvenue sous le couvert de l'autorité de Pothier ([2]). Néanmoins, elle n'a peut-être pas de racine

---

([1]) JUST., *Inst.*, IV, 6, *de act.*, § 28. — ([2]) POTHIER, *Traité des obligations*,
n° 9.

sérieuse dans les textes du Droit romain, et nous ne la croyons pas fondée au point de vue des idées logiques du droit.

Si nous nous attachons aux principes d'abord, il nous paraît possible de démontrer que les contrats bilatéraux imparfaits sont de véritables contrats unilatéraux. En effet, les contrats bilatéraux sont ceux qui, par essence, produisent des obligations des deux côtés. Or, dans ces contrats, que la doctrine appelle bilatéraux imparfaits, l'obligation qui naît *ex post facto* est purement éventuelle; bien souvent, elle peut ne pas exister. D'autre part, la réflexion ne tarde pas à reconnaître que, même dans les cas où cette obligation postérieure et éventuelle vient à naître, elle ne dérive pas du contrat, le contrat ne l'engendre pas, il n'en est que l'occasion. La cause efficiente de cette obligation postérieure est toujours ou une gestion d'affaires, ou un délit, ou un fait analogue à un délit. Ainsi, prenons l'hypothèse du dépôt : dans le dépôt, le dépositaire seul est, en vertu du contrat, tenu de restituer la chose confiée; cependant, *ex post facto,* le déposant peut être également obligé lorsque le dépositaire a fait des dépenses pour la conservation de la chose ; cette obligation qui naît à la charge du déposant, n'a pas pour cause le dépôt, mais un fait absolument étranger, une gestion d'affaires dont le dépôt est l'occasion. De même, pour emprunter un exemple à notre contrat de gage, le gage, nous l'avons dit, produit nécessairement une obligation à la charge du créancier gagiste, celle de restituer la chose et, éventuellement, une seconde obligation à la charge du débiteur constituant, celle de réparer le préjudice résultant de son délit ou d'un fait analogue à un délit.

Les textes de la loi romaine n'offrent aucun appui à la terminologie critiquée. C'est en vain que l'on s'appuierait sur les termes des Instituts de Justinien (l. I, t. XXV, *de auctor, tutorum, pr.*), qui semblent placer sur la même ligne que la vente, sous le rapport de la réciprocité des obligations qui

en découlent, le contrat de mandat et celui de dépôt qui
dans notre théorie constitueraient de véritables contrats
unilatéraux. Ce texte, en effet, quand il fait cette assimila-
tion, ne se place nullement au point de vue de la nature de ces
contrats; il examine l'influence que peut exercer la pupilla-
rité sur le sort des obligations réciproques qui naissent des
contrats, et il est certain que, sous ce rapport, le mandat,
le dépôt et tous autres contrats de même nature ne se distinguent pas des contrats vraiment bilatéraux. C'est en vain
encore que l'on invoquerait le caractère de *bonne foi* des actions qui sanctionnent ces contrats que la doctrine appelle
à tort, selon nous, imparfaitement synallagmatiques. Il est
vrai que, en règle générale, les contrats bilatéraux donnent
naissance à des actions *bonæ fidei*, et les contrats unilatéraux à des actions *stricti juris*. Mais le rapport de causalité
n'existe pas entre la nature des contrats et le caractère des
actions qui en dérivent. En principe, l'action est *bonæ fidei*,
lorsqu'elle doit servir à régler une situation compliquée;
l'action est restée *stricti juris*, lorsqu'elle est destinée au
règlement de rapports simples, comme les rapports unilatéraux. Donc, il est tout naturel que l'action donnée soit
bonæ fidei, dans les contrats unilatéraux qui, par suite de
circonstances accidentelles, peuvent faire naître des obligations réciproques, lorsqu'il se compliquent d'un élément
étranger tels qu'une gestion d'affaire ou un délit (¹).

6° Le contrat de gage est un contrat accessoire, en ce
sens qu'il s'adjoint toujours à un contrat principal pour
garantir les droits qui en résultent. Si le contrat principal
est frappé d'une complète inefficacité, il n'est pas douteux

_____

(¹) Il est important de remarquer qu'il ne s'agit pas ici d'une simple question
de mots. Cette précision mise dans les termes pourra avoir une certaine importance en Droit français. Si l'on admet que le contrat de gage, n'est pas un contrat
synallagmatique imparfait, il sera hors de doute qu'il ne doit pas être soumis à
la formalité du double original prescrit par l'art. 1525 du Code civil.

2

que le gage que l'on aurait constitué pour garantir les effets
de ce contrat n'aura lui-même aucune existence. Il faut au
moins que le contrat produise une obligation naturelle qui
puisse servir de *substratum* au contrat accessoire de gage.
Sous ce rapport, la condition juridique du *pignus* n'est pas
différente de celle de *l'hypotheca*, de *l'adpromissio*, et de la
clausula pœnœ.

Autre conséquence du caractère accessoire du gage.
Lorsqu'il est constitué pour garantir une obligation *future*,
il n'existe que du jour où l'obligation principale prend
naissance. Paul suppose qu'un débiteur, qui se proposait
d'emprunter de l'argent, avait promis d'affecter certaines
choses à la garantie de ce prêt futur. Avant la numération
des espèces, il consent quelques aliénations. Le créancier
pourra-t-il à bon droit prétendre que les objets vendus sont
restés engagés? Non, répond le jurisconsulte. « *Quum in po-
testate fuerit debitoris, post cautionem interpositam pecuniam
non accipere, co tempore pignoris obligationem contractam videri
quo pecunia numerata est* (¹). »

7° Au point de vue de la réciprocité des avantages, le
contrat de gage est un contrat à titre onéreux. Dans le
gage, en effet, chacune des parties procure à l'autre un
avantage juridique : le créancier y trouve une garantie
précieuse, et le débiteur un élément puissant de crédit.
« *Pignus utriusque gratia, et debitoris quo magis pecunia ei crederetur, et creditoris quo magis ei in tuto sit creditum* (²). »

B. — *Des différentes espèces de gage.*

La doctrine s'inspirant des textes des jurisconsultes
romains distingue deux espèces de gage, le gage *volontaire*

(¹) Dig., XX, 3, *quæ res pign.*, 1. 1. — (²) Inst. Just., III, 14, *quibus
modis re cont. oblig.*, § 4.

et le gage *nécessaire*, le gage *spécial* et le gage *général*.

Le gage volontaire se fonde, soit sur une convention, et dans ce cas on l'appelait à Rome *pignus conventionale* ([1]), soit sur une disposition de dernière volonté.

Le gage conventionnel, qui résulte d'un accord intervenu entre les parties, est soumis, au point de vue des conditions de sa constitution et de ses effets, à des règles nombreuses que nous exposerons ci-après.

Le gage testamentaire, qui, ainsi que son nom l'indique, prend naissance dans un testament, peut être établi, soit pour le profit des légataires, soit au profit des créanciers du testateur ou même d'un tiers étranger au testateur. « *Testamento quoque pignus constitui posse, imperator noster cum patre sæpissime rescripsit*, » nous dit Ulpien, se référant à des rescrits de Septime Sévère et d'Antonin Caracalla ([2]).

Dans ce travail, nous ne parlons pas de cette espèce de gage; nous limitons nos explications au gage conventionnel. Aussi bien les règles qui régissent ce dernier sont absolument différentes de celles qui régissent le gage testamentaire. En effet, pour celui-ci, il faut, tant sous le rapport de la capacité de le constituer et de l'acquérir que sous celui du moment où il commence, se référer aux principes qui régissent les legs ([3]).

Le gage nécessaire, dont nous ne dirons que quelques mots, était celui qui était établi sur un ordre du magistrat. Les jurisconsultes romains reconnaissent l'existence du gage nécessaire dans deux hypothèses, dans celle de la *missio in possessionem*, c'était le cas du *prætorium pignus*, ainsi appelé parce qu'il tirait son origine de l'édit du préteur, et dans celle de la *pignoris capio*. Dans ce cas, on l'appelait *pignus ex causa judicati captum*.

([1]) Cod. Just., VIII, 22, *de præt. pign.*, c. 2.— ([2]) Dig., XIII, 7, *de pign. act.*, l. 26, *princ.*— ([3]) Dig., XXXIII, 1, *de ann. leg.*, l. 9;— XXXIV, 1, *de alien. leg.*, l. 12. — Cod. VI, 43, *comm. de leg.*, l. 1er.

Le *prætorium pignus* se présentait dans des circonstances diverses. Dans tous les cas où il y avait envoi en possession, soit *renditionis causa*, soit *custodiæ causa*, cette expression *pignus prætorium*, employée par les textes ([1]), était exacte pour désigner les faits produits par la *missio*; les créances non garanties par une affectation semblable, passaient après le *missus*.

Le *pignus ex causa judicati captum* intervenait dans une hypothèse particulière, il avait pour objet, comme son nom l'indique, tantôt d'assurer l'exécution des sentences rendues par le magistrat, tantôt d'offrir un moyen de contrainte auquel recouraient les magistrats contre les contumaces. Ainsi dans le cas d'aveu de la dette ou de condamnation, après le délai accordé pour s'exécuter volontairement, le magistrat pouvait faire saisir par ses *officiales* quelqu'un des biens du débiteur au profit du créancier, qui obtenait d'abord sur eux un droit de gage. Puis le débiteur persistant à ne pas satisfaire à son obligation, ses objets étaient vendus publiquement, deux mois après la *capio*. Ce qui restait, le créancier une fois payé, était restitué au débiteur. On était dans l'usage de prendre en gage et d'aliéner d'abord les meubles; s'ils ne suffisaient pas, le magistrat permettait de saisir et vendre les immeubles. Puis à défaut des immeubles on s'attaquait aux *jura* et aux *nomina* ([2]).

La seconde division du gage est relative à l'étendue du droit. Les jurisconsultes romains distinguent en effet le gage qui s'applique à des choses spéciales individuellement déterminées, et le gage qui s'applique à un tout intellectuel à une *universitas*. Ils désignent ces deux sortes de gage par des expressions techniques qui reviennent souvent dans leurs écrits: *specialiter et generaliter obligare* ou *pignoris dare, accipere* ([3]).

([1]) Dig., XIII, 7, *de pign. act.*, l. 26 *pr.*; — Dig., XXVII, 9, *de rebus eorum*, l. 5, § 1; — Cod., VIII, 22, *de prætorio pignore.*— ([2]) Dig., XLII, 1, *de re judicata*, l. 31; — Cod., VIII, 23, *si in causa jud.*, c. 1, Antonin. — ([3]) Dig., XX, 1, *de pign. et hyp.*, l. 6 et 8; — Dig., XX, 1, *de pign. et hyp.*, l. 13, 15, 52 et 54.

Le gage qui porte sur des choses particulières individuellement déterminées s'étend aussi aux fruits accessoires et
dépendances de ces choses. Quant au gage général, il affecte
non-seulement les choses actuellement comprises dans
l'*universitas*, mais encore celles qui y entrent plus tard. Bien
plus, conformément aux principes qu'une chose ne peut
être transmise que *cum sua causa*, et par conséquent avec
les charges qui pèsent sur elle, le droit réel de gage continue de subsister sur toutes les fractions de cette *universitas* qui viendraient à être aliénées. Nous devons men-
tionner une exception remarquable à ce principe, elle est
relative aux fonds de commerce, *taberna*. Ici, le droit du
créancier est limité aux marchandises qui se trouveront
dans la boutique au moment où il exercera son droit. L'intérêt du commerce exigeait une semblable exception. Les
transactions du débiteur eussent été complétement para-
lysées, si les marchandises étaient restées, même après leur
aliénation, affectées au droit de gage (¹).

(¹) Dig., XX, 1, *de pign. et hyp.*, l. 34, *principium*.

III

DES CONDITIONS DE LA CONSTITUTION DU GAGE AU POINT DE VUE DES PERSONNES ET DES CHOSES

A. — *Des personnes.*

Nous avons à rechercher quelle est la capacité exigée par la loi romaine pour constituer et acquérir un droit de gage. D'abord, sous le rapport de la constitution, il était de principe que quiconque avait la libre disposition de l'objet, pouvait en général constituer le gage.

Cette règle se comprend d'elle-même, puisque ce contrat peut conduire et conduit en effet très-souvent à l'aliénation définitive de la chose engagée, si le débiteur ne paie pas à l'échéance.

Les conséquences de ce point de vue étaient nombreuses. Ainsi le gage pouvait être constitué, non-seulement par le propriétaire, mais encore par l'emphytéote et le superficiaire pour la durée de leurs droits. Il en était de même du fils de famille et de l'esclave qui, évidemment, pouvaient donner en gage une chose comprise dans le *peculium profectitium* dont la libre administration leur avait été accordée (¹).

Quant au copropriétaire, la faculté qui lui était reconnue d'engager sa part indivise empruntait aux principes du

---

(¹) Dig., XIII, 7, *de pign. act.*, l. 18 § 1 et l. 19.

Droit romain quelques particularités que nous ne saurions passer sous silence. Lorsque ce copropriétaire donnait en gage sa portion indivise, le droit s'étendait forcément à toutes les parties de la chose commune, et plus tard lorsqu'on opérait le partage, toutes les portions des divers copartageants restaient grevées du droit de gage, mais seulement jusqu'à concurrence de la part de propriété qui appartenait au débiteur constituant ([1]). Le partage, on le sait, à Rome, était translatif de propriété, par conséquent la portion acquise par le partage passait à l'acquéreur *cum sua causa*, c'est-à-dire grevée du droit réel de gage.

Au contraire, les Romains tenaient pour nulle la constitution d'un gage sur la chose d'autrui, ou du moins ne la regardaient comme valable que sous certaines conditions. Ainsi, la chose d'autrui était valablement engagée sous cette condition, si elle vient à entrer dans le patrimoine de celui qui l'engage. Si le gage avait été constitué sur la chose d'autrui sans cette condition, et que plus tard le débiteur constituant en fût devenu propriétaire, le gage était déclaré valable par dérogation au principe; aussi le créancier gagiste n'avait-il qu'une *utilis actio* pour exercer son droit ([2]). Dans le cas où le véritable propriétaire succède au débiteur, la solution devrait être la même; cependant sur ce point les jurisconsultes sont en désaccord. Tandis que le jurisconsulte Paul ([3]) décide que l'*actio utilis* ne sera pas donnée au créancier, Modestin, au contraire, affirme qu'elle le sera ([4]). On a tenté de concilier ces deux textes en disant que, dans l'hypothèse de la loi 41, l'objet avait été engagé contre la volonté du propriétaire, c'est-à-dire malgré sa défense formelle, alors que, dans la loi 22, on suppose qu'il a simplement ignoré la constitution de gage faite à son

---

([1]) Dig., XX, 6, *quibus modis pign. vel hyp*, 1. 7, § 4, Gaius. — ([2]) Dig., XIII, 7, *de pign. act.*,1. 11, Paulus.— ([3]) Dig., XIII, 7, *de pign. act.*, l, 41.— ([4]) Dig., XX, 1, *de pign. et hyp.*, 1. 22, *principium*.

préjudice. Pour nous, nous préférons à cette conciliation hasardée le sentiment de Cujas qui admet sur ce point une progression des idées des jurisconsultes.

La qualité de propriétaire ne suffirait pas toujours pour conférer à une personne le droit d'engager une chose. Il fallait de plus, chez le constituant, que la capacité d'aliéner ne fût pas limitée par des motifs particuliers. Ainsi, le fils de famille qui peut disposer de son pécule peut remettre, à titre de gage, les différents objets qui en font partie. Cependant, si c'était pour garantir un *mutuum*, il pourrait invoquer le bénéfice du sénatus-consulte Macédonien (¹).

Les femmes, à cause du sénatus-consulte Velléien, ne pouvaient donner un gage pour autrui, c'eût été un cas d'*intercessio* véritable, ce que le sénatus-consulte leur défendait sévèrement (²).

B. — *Conditions au point de vue des choses.*

En principe, le contrat de gage peut s'appliquer à toutes les choses qui sont comptées dans le patrimoine, et qui sont propres à fournir au créancier une sûreté pour sa créance.

Ainsi, il n'est pas douteux que les choses, qui ne sont pas dans le commerce, ne peuvent faire l'objet d'un contrat de gage, par exemple les hommes libres (³).

Il en est de même des lieux religieux, *quæ Diis manibus relictæ sunt,* au temps de Gaius, et qui, sous Justinien, étaient les lieux consacrés par l'inhumation des morts (⁴). Lorsque des choses religieuses ont fait l'objet d'un gage, et qu'ensuite elles reviennent dans le commerce, ce con-

---

(¹) Dig., XX, 5, *quæ res pign.*, l. 2. — (²) Dig., XVI, 1, *ad senat.-cons. velleia-num*, l. 8, *princip.* — (³) Paul. *Sent.*, V, 1, § 1; — Dig., XX, 5, *quæ res pignori*, l. 5. — (⁴) *Inst.* Just. II, 1, *de div. rer. et qual.*, § 9.

trat n'en est pas moins nul, parce qu'il n'a jamais eu d'existence juridique.

« *Pignus appellatum a pugno quia res quæ pignori dantur
manu traduntur.* » Les choses corporelles purent seules primitivement être données en gage, puisque seules elles
étaient susceptibles de tradition. « *Incorporales res traditionem
et usucapionem non suscipere manifestum est* ('). » Mais plus
tard, grâce à l'intervention du préteur, alors qu'il fut admis
que les servitudes pourraient s'acquérir *quasi traditione,*
alors aussi le gage put être constitué sur des choses incorporelles, à savoir sur les servitudes réelles et person-
nelles. On a demandé si un usufruit peut être engagé, soit
par le propriétaire, soit par l'usufruitier. Papinien est d'avis
que le créancier doit être protégé par le préteur, et que, si
le propriétaire veut agir contre le créancier en soutenant
qu'il n'a pas le droit d'user et de jouir malgré lui, le préteur
le défendra par une exception ainsi conçue : S'il n'est pas
convenu entre le créancier et celui à qui l'usufruit appartient que cet usufruit serait en gage. « *Si non inter creditorem
et eum ad quem ususfructus pertinet convenerit ut ususfructus
pignori sit.* » En effet, puisque le préteur protége l'acheteur
de l'usufruit, pourquoi ne protégerait-il pas aussi le créancier gagiste? Par la même raison, cette exception sera opposée au débiteur lui-même (').

Il en est de même pour les servitudes prédiales rustiques.
Paul décide que, dans l'intérêt des contractants eux-mêmes,
il faudrait admettre la validité de tels engagements. On
pouvait donc engager les servitudes de voie, de passage
pour l'homme, les bêtes de somme et les voitures, d'aque-
duc, en ce sens que le créancier userait de ces droits en sup-
posant qu'il ait un fonds voisin et que, si l'argent n'était pas

---

(') Dig., XLI, 1, *rer. d.*, 45.— (²) Dig., XX, 1, *de pign. et hyp., de acq. rer.
dom.,* l. 11, § 2.

payé avant un certain terme, il lui serait permis de vendre
ces servitudes à un voisin (¹).

Mais les servitudes de fonds urbains ne pouvaient être données en gage (²). C'est là probablement une conséquence de la
nature des choses. Ces servitudes, en effet, ne pourraient
le plus souvent être vendues faute de trouver un acquéreur.

On pouvait affecter une créance en garantie du paiement
d'une dette (³). C'était ce qu'on appelait le *pignus nominis*.
Mais, dans ce cas, il n'y avait pas cependant un véritable
contrat de *pignus*. Ce contrat, comme nous l'avons dit, étant
formé *re*, la tradition était essentielle à sa constitution. Or
une créance étant un droit pur n'est susceptible ni de tradition, ni de quasi-tradition. On a bien cherché à assimiler
la remise du titre, *cautio*, à une quasi-tradition ; mais cette
prétention est inadmissible, puisqu'elle est contraire aux
principes et ne repose d'ailleurs sur aucun texte. Le *pignus
nominis* était une hypothèque d'une nature particulière,
puisqu'elle ne donnait naissance qu'à une simple action personnelle, et qu'il ne conférait pas le droit au créancier gagiste de se servir de l'action quasi-servienne. Si le créancier
gagiste qui avait reçu une créance en gage n'était pas satisfait à l'échéance, il pouvait, ou vendre la créance (auquel cas
l'acheteur avait une *utilis actio* pour exiger le montant) (⁴),
ou intenter lui-même une *utilis actio*, pour forcer au paiement le débiteur de celui qui lui a donné le gage, jusqu'à
concurrence de la somme pour laquelle sa créance se rencontre avec la créance engagée, si toutefois les deux créances sont déjà échues. Mais le créancier gagiste perdrait son
droit, si le débiteur de la créance engagée s'était libéré entre
les mains de son créancier, avant d'avoir été instruit de la
constitution du gage. (SCHILLING, *du gage*, n° 216) (⁵).

(¹) Dig., XX, 1. *de pign. et hyp.*, 11. — (²) Dig., XX, *de pign. et hyp.*, 1. 12.
— (³) Dig., XIII, 7, *de pign. act.*, 1. 18. — (⁴) Cod., IV, 39, *de hered. vel
act. Vend.*, 1. 7. — (⁵) Cod., VIII, 17, *quæ res. pign. oblig.*, 1. 9.

Le droit de gage lui-même pouvait être engagé à son tour pour sûreté d'une dette; ainsi un créancier, dont le droit se trouvait garanti par un *pignus* et qui empruntait, avait la faculté, reconnue par les textes, de garantir le paiement de sa dette, en donnant en gage la garantie de sa propre créance; c'est ce que les jurisconsultes appelaient *pignus pignori datum, secundum pignus*, et que quelques romanistes, ont nommé *sub pignus*. Nous allons nous arrêter un moment pour déterminer le véritable caractère juridique d'un gage ainsi constitué. Ce serait une erreur de penser que ce gage a pour objet seulement le droit réel, ou *jus pignoris;* les textes nous apprennent qu'il comprend en même temps la chose déjà engagée, *res pignorata, id quod pignori obligatum est*. La conséquence de ce point de vue, c'est que la possession *ad interdicta* de la chose passe avec le *jus pignoris* au second créancier gagiste (¹). « *Et si mihi pignori dederis et ego eamdem rem alii pignoravi, meus creditor utetur accessione tui temporis, tam adversus extraneum quam adversus te ipsum, quamdiu pecuniam mihi non exsolveris. Nam qui me potior est quum ego te superaturus sim, multo magis adversus te obtinere debet : sed si pecuniam mihi solveris, hoc casu accessione tua non utetur.* »

D'autre part, il faut savoir qu'en donnant en gage le gage même qu'on a reçu, on engage tacitement par là même la créance que le premier gage avait pour but de garantir. Ce qui le prouve, c'est que les textes reconnaissent au second créancier gagiste le droit d'attaquer même le débiteur propriétaire de la *res pignorata* (²). Or, si l'engagement de la *res pignorata* n'entraînait pas l'engagement tacite de la créance elle-même, le second créancier gagiste n'aurait aucune action directe contre le débiteur auquel appartient cette chose; son droit se bornerait à attaquer son propre

---

(¹) Dig., XLIV, 3, *de div. temp. præsc.*, l. 14, § 3, Scœvola. — (²) Cod , VIII, 24, *et pign. datum sit,* c. 1, Gordien.

débiteur, sauf la faculté do faire vendre la *res pignorata*. Ce qui prouve encore que le *jus pignoris* contient en lui-même un *pignus nominis*, c'est ce qui arrivait lorsque le débiteur propriétaire de la *res pignorata* venait à payer entre les mains du *secundus creditor*. S'il se libérait à l'aide d'une somme d'argent, le second créancier prenait cette somme en compensation de ce que lui devait le premier créancier, et le débiteur, le gage étant éteint, retirait sa chose. Mais si au contraire le débiteur payait un corps certain, le second créancier gagiste qui le recevait ne faisait que changer de *res pignorata*. Le droit d'hypothèque sur la créance se transformait en un droit de gage sur la chose payée. *Quum pignori rem pignoratam accipi posse placuerit, si dominus solverit pecuniam, pignus perimitur. Si quidem pecuniam debet, is cujus nomen pignori datum est, exacta ea, creditorem (secundum) secum pensaturum; si vero corpus is debuerit et solverit, pignoris loco (id est pignoris jure) futurum apud secundum creditorem* ([1]).

Voilà pour la détermination exacte du caractère juridique du *pignus pignoris*. Si maintenant nous en recherchons les effets, les textes nous répondent d'une manière aussi satisfaisante. Ainsi d'abord, au point de vue du débiteur, propriétaire de la chose engagée, le *pignus pignoris* produit cet effet que ce débiteur perd le droit de payer directement son propre créancier gagiste à partir de la *denunciatio*, autrement ce gage ne constituerait qu'une sûreté illusoire, puisque le débiteur qui aurait payé entre les mains du premier créancier, pourrait poursuivre la restitution de son gage au moyen de l'action *pigneratitia directa* ([2]). « *Soluta pecunia, creditor possessionem pignoris quæ corporalis apud eum fuit, restituere debet, nec quidquam amplius præstare cogitur.*

([1]) Dig., XX, 1, *de pign. et hyp.*, l. 13, § 2, Marcianus.— ([2]) Dig., XIII, 7, *de pign. act.*, l. 40, § 2, Papinien. *Add.* Cod., VIII, 24, *si pignus pignori datum sit*, c. 2.

Itaque si medio tempore pignus creditor pignori dederit, domino solvente pecuniam quam debuit, secundi pignoris neque persecutio dabitur neque retentio relinquetur. »

Au point de vue du constituant, le *pignus pignoris* produit deux effets spéciaux. D'abord, si le débiteur ne paye pas et que le second créancier gagiste fasse vendre la *res pignorata*, deux créanciers privilégiés sont en concours pour le prix : ici pas de *privilegium temporis ;* le second créancier gagiste sera au contraire préféré au premier, attendu qu'il a reçu le gage de celui-ci. D'un autre côté, le second créancier gagiste ne peut disposer de sa créance ; que, s'il l'éteignait par un concert frauduleux avec son débiteur averti, alors le second créancier gagiste ne sera pas réduit à une simple action personnelle contre les auteurs de la fraude, il fera vendre la *res pignorata.*

Enfin, si nous nous plaçons au point de vue du second créancier, nous pouvons encore relever certains effets spéciaux à la matière qui nous occupe. Par suite de cette constitution particulière de gage, le créancier gagiste a les actions possessoires et l'action quasi-servienne, et cela même avant l'échéance de la dette. C'est là une conséquence directe du caractère de gage que nous avons reconnu naguère au *pignus pignoris.* Dans le gage, en effet, à la différence de l'hypothèque, on peut exercer l'action quasi-servienne avant l'échéance.

Si le second créancier n'est pas payé à l'échéance, il peut faire vendre à son choix la créance ou la *res pignorata.*

———

IV

EFFETS DU DROIT DE GAGE

On peut envisager le gage sous une double face. D'abord il peut être considéré comme simple *contrat réel*, et alors il confère aux parties contractantes dans leurs rapports réciproques des droits purement personnels. Au débiteur constituant, il donne le droit de contraindre le créancier à veiller à la conservation de la chose engagée et à la restituer après satisfaction. La sanction de ce droit est l'action *pigneratitia directa*. Au créancier qui reçoit le gage il confère le droit de se faire rembourser ses impenses. L'action qui sanctionne ce droit s'appelle *pigneratitia contraria*.

En second lieu, le *pignus* peut être considéré au point de vue du *droit réel* qu'il donne au créancier gagiste dans ses rapports avec les tiers; alors le gage produit le droit de préférence et le droit de suite : le droit de préférence qui n'est autre que le droit réel opposable aux autres créanciers du débiteur; le droit de suite qui n'est que le droit réel opposable au tiers détenteur. La sanction du gage, considéré sous ce second point de vue, est l'action quasi-servienne ou hypothécaire.

1. Effets du contrat réel de gage dans les rapports des parties contractantes entre elles.

Nous savons déjà que le débiteur, en donnant sa chose en gage, en conserve néanmoins la propriété. Il n'a pas même transmis à son créancier, à qui il a donné le gage,

toute la possession; quoiqu'il n'ait plus la possession maté-
rielle, il continue néanmoins à posséder *ad usucapionem*. Il
pourra donc continuer d'usucaper, si au moment de la tradition il n'était pas encore devenu propriétaire de l'objet qui
a été donné en gage.

Remarquons d'ailleurs que le créancier, qui avait reçu en
gage une chose n'appartenant pas à son débiteur, était le
premier intéressé à ce que la possession qui lui avait été
transmise continuât à être utile au débiteur *ad usucapionem*
et parvînt à conduire ce débiteur à la propriété. Cette usuca-
pion ne faisait que confirmer son droit, d'abord irrégulier
comme émanant de celui qui n'en était pas propriétaire.

Le constituant ne perdra la propriété de sa chose que si,
lors de l'échange, la dette n'étant pas acquittée, il est procédé à la vente ([1]).

De ce fait, que le débiteur demeure propriétaire, découlent
plusieurs conséquences. Les augmentations et diminutions
de la chose sont pour le compte du constituant. Il peut vendre sa chose, la grever de servitudes, pourvu toutefois qu'il
ne porte pas atteinte aux droits de son créancier ([2]). Nous
avons vu que, lorsque le gage était constitué par fiducie, le
débiteur ne pouvait pas vendre la chose à son créancier. Pour
le contrat de gage, il n'en est plus de même. *Creditorem a debitore pignus emere posse, quia in dominio manet debitoris* ([3]). De
plus, si après le paiement de la dette, le créancier refusait
de remettre le gage, le débiteur ne serait pas obligé de recourir à l'action personnelle; il aurait encore la revendication ([4]). Ainsi, deux actions étaient accordées au débiteur,
l'action découlant du contrat de gage, *pigneratitia directa*,
et l'action réelle, la revendication, résultant de sa qualité de
propriétaire.

([1]) Dig., XLI, 3, *de usurp. et usuc.*, l. 16,53, § 4. — ([2]) Dig., XX, 5, *de dist.
pign.*, l. 7, § 2. — ([3]) Dig., XX, 5, *de dist. pign.* l. 12; — D., XIII, 7, *de
pign. act.*, l. 35, § 1. — ([4]) D'g., XIII, 7, *de pign. act.*, l. 10.

Les pertes que la chose subit, lorsqu'elles proviennent de cas fortuits, sont, avons-nous dit, à la charge du débiteur, conformément à la maxime *res perit domino*. Mais il n'en serait pas de même de celles qui proviendraient de la faute du créancier détenteur. Celui-ci doit, sous sa responsabilité, veiller à la conservation de la chose engagée. Il répond de sa faute, mais de quelle faute? Les Institutes de Justinien répondent à la question : « *Sed quia pignus utriusque gratia datur, et debitoris quo magis pecunia ei crederetur et creditoris quo magis ei in tuto sit creditum, placuit sufficere quod ad eam rem custodiendam* EXACTAM DILIGENTIAM *adhiberet ; quam si præstiterit et aliquo fortuito casu eam rem amiserit, securum esse, nec impediri creditum petere* ([1]). »Ainsi le gagiste était tenu d'apporter à la garde de la chose *exactam diligentiam*, c'est-à-dire qu'il devait y apporter les soins du propriétaire le plus diligent. Il ne suffirait pas qu'il apportât à la conservation de la chose le soin qu'il a coutume de mettre à ses propres affaires. Le créancier gagiste est donc tenu de ce qu'on est convenu d'appeler la *culpa in abstracto*.

Par le contrat de gage, le créancier gagiste acquérait sur la chose un droit réel *sui generis*. En vertu de ce droit, il pouvait garder la chose engagée jusqu'à parfait paiement. C'était ce qu'on appelait le *jus retentionis* ([2]).

Le droit de rétention s'exerçait à l'aide de l'exception de dol sous-entendue dans l'action *pigneratitia directa* que le constituant aurait intentée contre le créancier avant d'avoir acquitté sa dette. Cette exception aurait pu être opposée aussi bien au propriétaire de la chose engagée qu'à ses ayants cause. Tant que le créancier n'aura pas été payé, ou du moins n'aura pas reçu satisfaction, *l'actio pigneratitia directa* ne pourra pas être utilement exercée et le *jus reten-*

---

(1) Inst..Just., III, 14, *quibus modis re*, § 4. — (2) Dig., XIII, 7, *de pign. act.*, l. 8. — Dig., XX, 1, *de pign. et hyp.*, l. 1.

tionis existera. « *Omnis pecunia exsoluta esse debet, aut eo nomine satisfactum, ut nascatur pigneratitia actio. Satisfactum autem accipimus quemadmodum voluit creditor, licet non sit solutum : sive aliis pignoribus sibi careri voluit ut ab hoc recedat, sive fidejussoribus, sive reo dato, sive pretio aliquo, vel nuda conventione, nascitur pigneratitia actio. Et generaliter dicendum erit quotiens recedere voluit creditor a pignore, videri ei satisfactum si, ut ipse voluit, sibi cavit, licet in hoc deceptus sit* ([1]). » Ainsi il n'importe par quel moyen le créancier a été désintéressé, mais il faut qu'il l'ait été entièrement.

Tant que la dette, pour la garantie de laquelle le gage a été donné, n'aura pas été acquittée en entier, la chose est obligée tout entière. Si la moitié seulement de la dette est payée, la chose tout entière reste affectée au paiement de l'autre moitié. Ainsi supposons qu'un débiteur, qui a engagé sa chose, vienne à mourir en laissant plusieurs héritiers; si un des héritiers paye sa part de dette, la chose restera obligée tout entière, comme si c'était le débiteur lui-même qui n'eût payé qu'une part ([2]). Si, au contraire, c'est le créancier qui est mort en laissant plusieurs héritiers, la chose demeure affectée tout entière à chacun d'eux. « *Manifesti et indubitati juris est, defuncto creditore, multis heredibus relictis, actionem quidem personalem inter eos ex Lege XII Tabularum dividi, pignus vero in solidum unicuique teneri* ([3]). » Il existe bien au Digeste un texte qui semblerait établir le contraire, mais c'est un texte d'Ulpien qui paraît se référer à l'ancien système de fiducie ([4]). Cette propriété du gage se nomme l'indivisibilité. Dumoulin, à propos de l'hypothèque, la traduit par une expression heureuse : *est tota in toto et tota in qualibet parte.*

Le droit de rétention ne put s'exercer tout d'abord que jusqu'à concurrence de la somme prêtée que le gage venait

---

([1]) Dig., XIII, 7, *de pign. act.*, l. 9, § 5. — ([2]) Dig., XIII, 7, *de pign. act.*, l. 8, § 2. — ([3]) Cod., VIII, 52, *si unus ex plur. hered.*, l. 1. — ([4]) Dig., XIII, 7, *de pign. act.*, l. 11, § 1.

tout spécialement garantir. Les termes du contrat de gage doivent être strictement interprétés. Ulpien nous dit que, s'il avait été convenu que le gage garantirait le capital de la dette sans qu'il fût question des intérêts, le créancier ne pourrait retenir l'objet après le paiement du capital. Si, au contraire, il a été entendu et convenu par un simple pacte que le gage devra non-seulement assurer la dette, mais encore garantir les intérêts, ce n'est qu'après le paiement du capital et des intérêts que l'action *pigneratitia* pourra être accordée au débiteur (¹).

Tel était l'ancien droit; mais une constitution de l'empereur Gordien est venue modifier la législation sur ce point. D'après cette constitution, le gage garantit non pas seulement la dette, qui existait au moment du contrat et qu'il devait spécialement assurer aux termes de la convention, mais encore toutes les dettes postérieures que le débiteur contracte vis-à-vis de son créancier. Si, avant d'avoir acquitté toutes ses dettes, le débiteur intentait l'action *pigneratitia*, le créancier pourrait le repousser par l'exception de dol. « *At si in possessione fueris constitutus, nisi ea quoque pecunia tibi a debitore reddatur vel offeratur quæ sine pignore debetur eam, restituere propter exceptionem doli mali non cogeris* (²). »

Cujas cherche à concilier la disposition de ce texte avec celui d'Ulpien, que nous avons cité plus haut, d'après lequel le gage qui garantit la dette ne garantit pas les intérêts, à moins qu'il n'en ait été ainsi convenu entre les parties. Cette recherche de conciliation paraît vaine. N'est-il pas plus naturel d'admettre que la décision de Gordien contient une innovation suggérée d'ailleurs par l'équité? Il y a dol en effet de la part de celui qui, ayant payé la dette garantie,

---

(¹) Dig., XIII, 7, *de pign. act.*, l. 11, § 5. — (²) Cod., VIII, 27, *etiam ob chirog. pecun.* c. 1.

et se trouvant encore débiteur envers le même créancier d'une autre somme actuellement exigible, prétend se faire restituer la chose engagée. Il est juste d'exiger de lui, avant de lui rendre sa chose, le paiement de la dette chirographaire elle-même.

Le créancier gagiste n'est investi de ce droit qu'à l'encontre du débiteur. Si le débiteur avait donné une hypothèque sur sa chose livrée en gage, le créancier gagiste ne pouvait plus invoquer la constitution de l'empereur Gordien vis-à-vis de ce créancier hypothécaire postérieur. « *Quod in secundo creditore locum non habet : nec enim necessitas imponitur chirographarium etiam debitum priori creditori offerre* ([1]) ». Le second créancier, à qui une hypothèque a été concédée, peut obtenir le gage du premier gagiste en offrant de payer à celui-ci le montant de la dette pour laquelle le gage lui a été consenti, mais sans avoir besoin d'offrir le paiement de la dette chirographaire. C'était là une application de ce que les Romains appelaient le *jus offerendæ pecuniæ*.

Le droit pour le créancier de retenir la chose engagée n'impliquait pas celui de s'en servir. En en faisant usage, il commettait un *furtum usus*, si toutefois, comme nous le supposons, la chose engagée était mobilière. « *Si pignore creditor utatur, furti tenetur* ([2]). » C'était le droit commun quand les parties n'avaient pas fait sur ce point une convention spéciale. Celui qui engageait sa chose permettait souvent par un simple pacte à son créancier de recueillir les fruits, à charge de les imputer sur les intérêts et sur le capital, s'il y avait surcroît ([3]). Ce pacte portait le nom d'*antichresis* ou de *pactum antichreticum*. Ce pacte se présumait, même dans le cas où une chose frugifère était

---

[1] Cod., VIII, 27, *etiam ob chirog.*, l. 1. — [2] Dig., XLVII, 2, *de furtis*, l. 54. — [3] Dig., XIII, 7, *de pign. act.*, l. 59.

livrée à celui qui prêtait de l'argent sans stipuler d'intérêts, ceux-ci étant considérés comme dus naturellement (¹).

Un autre droit bien plus important, qui est le point essentiel du contrat de gage, c'est la faculté accordée au créancier de faire vendre le gage à défaut de paiement à l'échéance, pour s'attribuer le montant du prix jusqu'à concurrence de la créance. Un pacte fut d'abord nécessaire pour autoriser le créancier à procéder à la vente. « *Si is qui pignori rem accepit, quum de vendendo pignore nihil convenisset, vendidit, furti se obligat* (²). » Plus tard, l'autorisation de vendre fut considérée comme tacite. Elle existait de plein droit, par cela seul qu'il n'en avait pas été autrement convenu entre les parties.

Si par un pacte le créancier s'était engagé à ne pas vendre, cette clause n'était point nulle, mais elle ne rendait pas non plus la vente impossible. Dans ce cas, en vertu de la clause, le créancier, avant de faire procéder à la vente, était tenu de faire trois sommations à son débiteur. Si, après ces trois sommations, il n'était pas payé, il pouvait passer outre. « *Ubi vero convenit ne distraheretur, creditor, si distraxerit, furti obligatur, nisi ei ter fuerit denunciatum ut solvat, et cessaverit* (³). »

Ainsi la faculté de vendre, qui primitivement n'existait que lorsque les parties en avaient ainsi décidé, était par le progrès des temps devenue tacite, puis essentielle au contrat de gage, à ce point que la volonté des contractants ne pouvait pas la prohiber (⁴). Mais on respectait et réputait valable toute convention qui se bornait à réglementer le mode de la vente, soit en prescrivant un délai, soit en la soumettant à des conditions particulières. Ce que la loi voulait écarter, c'était la prohibition absolue de vendre (⁵).

(¹) Dig., XX, 2, *in quibus causis*, l. 8. — (²) Dig., XLVII, 2, *de furtis*, l. 73. — (³) Dig., XIII, 7, *de pign. act.*, l. 4. — (⁴) Dig., XIII, 7, *de pign. act*, l. 4 et 5. — (⁵) Dig., XIII, 7, *de pign. act.*, l.; 5 Cod., VIII, 51, *de jure dom. imp.*, c. 3, § 1.

Dans le cas où il n'était intervenu au contrat aucune clause prohibitive de vente, une seule dénonciation suffisait. Néanmoins, il avait été admis que, si la faculté de vendre avait été expressément accordée par la convention, le créancier pouvait faire procéder à la vente sans dénonciation aucune. On se conformait ainsi à l'intention présumée des parties, le débiteur était censé avoir voulu dispenser le créancier des formalités usuelles (¹). Lorsqu'il y a lieu de faire une ou plusieurs sommations, la vente ne peut s'effectuer qu'après un délai de deux ans. Si trois sommations sont exigées, il semble évident que le délai de deux ans ne doit commencer à courir qu'après la dernière sommation. Ce point n'a pas été tranché par les textes, mais cette décision résulte tellement de la nature des choses qu'il y a presque lieu de s'étonner que cela ait pu faire question (¹).

Si le débiteur ne pouvait pas empêcher le créancier de vendre, il ne pouvait pas non plus l'y contraindre, même dans le cas le plus favorable où la faculté de vendre avait été expressément donnée par le contrat. La clause autorisant la vente intervenait en sa faveur sans pouvoir lui être opposée. Les jurisconsultes romains s'étaient cependant divisés sur ce point. Atilicinus pensait qu'il n'y avait aucun inconvénient à forcer le créancier à vendre, mais Pomponius n'est pas de cet avis : il considère qu'il serait trop injuste, trop inhumain, *satis inhumanum*, de contraindre le créancier. Si une occasion favorable se présente de vendre le meuble, le débiteur pourra vendre lui-même la chose, et payer sa dette à l'aide du prix obtenu. Le créancier sera ainsi obligé de remettre la chose engagée au débiteur qui pourra alors en faire délivrance à son acquéreur (³).

Le créancier ne pouvait vendre la chose engagée que

(¹) *Inst.* Just., II, 8, *quib. alien. licet.* Cod., VIII, 51, *de jure dom. imp.*, c. 1, § 1. — (²) Cod., VIII, 51, *de jure dom. imp.* c. 1. — (³) Dig., XIII 6, *de pign. act*, l. 6.

lorsque le jour de l'échéance était arrivé. « *Si is qui pignori* *rem accipit..., antequam dies venditionis veniret, pecunia non* *soluta, vendidit, furti se obligat* ([1]). » Mais lorsque, le jour de de l'échéance arrivé, la dette n'est pas payée, le créancier ne peut pas, après avoir fait les dénonciations exigées et le délai passé, vendre librement la chose. Dans l'intérêt du débiteur, et pour que celui-ci ne fût pas entièrement livré à la merci du créancier, la vente du gage avait été soumise à des formalités spéciales. Et d'abord, il faut se conformer aux règles du contrat et remplir les formalités qui y sont prescrites. « *Sancimus itaque, si quis rem creditori suo pigno-* *raverit, si quidem in pactione cautum est, quemadmodum debet* *pignus distrahi, sive in tempore, sine in aliis conventionibus* *ea observari de quibus inter creditorem et debitorem conventum* *est* ([2]). » Dans le cas où le créancier agissant de mauvaise foi vendait la chose au mépris des règles du contrat, la vente n'était pas nulle; mais le débiteur pouvait réclamer des dommages-intérêts, non à l'acheteur, mais au créancier vendeur; ce dernier pouvait même, suivant les cas, être réputé coupable de vol ([3]).

Toutes les clauses insérées par les parties dans le contrat de constitution de gage n'étaient pas valables. Le législateur avait voulu éviter que le créancier n'imposât à son emprun- teur des conditions trop onéreuses. Le pacte commissoire fut considéré comme une des clauses les plus dangereuses et fut prohibé par la loi romaine. Le pacte commissoire était la clause par laquelle il était convenu qu'à défaut de paiement à l'échéance le créancier deviendrait *hic et nunc* propriétaire de l'objet engagé. Cette clause fournissait au créancier un moyen facile de dépouiller son débiteur; aussi le législeur romain l'avait avec raison considérée comme illi-

---

([1]) Dig., XLVII, 2, *de furtis*, l. 77. — ([2]) Cod., VIII, 31, *de jure dom.* *imp.*, l. 3. — ([3]) Cod., VIII, 28, *distr. pign.*, l. 27. — Dig., XIII, 6, *de pign.* *act.*, l. 4 et 5.

cite, et frappait de nullité, non-seulement la clause, mais encore le contrat où elle était insérée. La première trace de cette prohibition se trouve dans une constitution de Constantin, qui déclare que le pacte commissoire sera nul, non-seulement pour l'avenir, mais encore pour le passé [1]. *« Quoniam inter alias captiones præcipue commissoriæ pigno-rum legis crescit asperitas, placet infirmari eam et in posterum omnem ejus memoriam aboleri. Si quis igitur tali contractu labo-rat, hac sanctione respiret, quæ cum præteritis præsentia quoque repellit et futura prohibet. Creditores re amissa jubemus recu-perare quod dederunt. »*

On s'est demandé si cette constitution de Constantin était une innovation, ou si elle ne faisait que confirmer une dis-position déjà depuis longtemps en vigueur. Certains auteurs, parmi lesquels Doneau et Troplong, se fondant sur l'utilité de cette prohibition, imaginent qu'elle a dû exister bien longtemps avant Constantin qui n'aurait fait que lui donner une consécration nouvelle, mais ils ne peuvent citer aucun texte à l'appui de leur opinion. Tous les textes semblent, au contraire, devoir faire supposer que, du temps des juriscon-sultes classiques, la volonté des parties était laissée libre sur ce point et que le pacte commissoire était valable. Cette opinion est généralement admise aujourd'hui. Cela ressort d'ailleurs d'un passage d'une lettre de Cicéron. En recom-mandant à Thermus, propréteur, Cluvius de Pouzol à qui Philoclès a donné ses biens en garantie (*hypothecas dedit*), il le prie, le terme étant échu, *eæ commissæ sunt*, de veiller à ce que le débiteur vide les biens et les livre aux man-dataires de Cluvius, ou à ce qu'il s'acquitte de la dette [2].

Il faut bien se garder de confondre avec le pacte com-missoire la clause par laquelle, à défaut de paiement, lors

---

[1] Cod., VIII, 35, *de pactis pign.*, c. 3. — [2] Cicéron, *Lettres familières*, XIII, 56.

de l'échéance, le créancier pourrait s'attribuer la chose d'après une estimation faite à l'échéance et non au moment du contrat. Cette clause est valable et doit être considérée comme une vente sous condition (¹).

Le créancier ne peut pas acheter la chose, il ne peut pas non plus la faire acheter par une personne interposée. Une vente ainsi faite, sans le consentement du débiteur, devait être réputée nulle (²). La loi voulait ainsi laisser participer le débiteur au bénéfice qui résulterait pour lui du concours des acquéreurs. Dans le cas où le débiteur consentait à la vente, on supposait qu'il s'était assuré un prix, représentant la valeur de la chose engagée (³).

Il pouvait arriver que le créancier ne trouvât pas à vendre le gage; dans ce cas, il lui était interdit de s'en attribuer la propriété, ou du moins il ne pouvait le faire que sous certaines conditions et après avoir rempli certaines formalités, qui ont varié suivant les époques. Justinien nous apprend que l'ancien droit avait admis une procédure qui, à son époque, était depuis longtemps tombée en désuétude et dont on ne trouvait plus de trace que dans les livres. Il fallait mettre la chose en vente publique et laisser ensuite au débiteur le délai d'une année pour dégager la chose. Si, après ce délai, la chose n'était ni dégagée ni vendue, le créancier pouvait se la faire attribuer par le prince (⁴).

Justinien abrogea d'une manière expresse cette ancienne prescription, et substitua une nouvelle procédure à l'ancienne, afin de mieux sauvegarder les intérêts du débiteur. Après avoir déclaré qu'il faudra exécuter les intentions formellement indiquées par les parties, il prévoit le cas où le contrat n'aurait rien décidé à cet égard. Justinien distingue alors le cas où le débiteur est présent de celui où il est

---

(¹) Dig., XX, 1, *de pign. et hyp.*, l. 16, § final. — (²) Paul., *Sent*, II, 13, § 4; Cod., VIII, 28, *de dist. pign.*, l. 10. — (³) Dig., XX, 5, *de dist. pign.*, l. 2. — (⁴) Dig., XIII, 7, *de pign. act.*, l. 21.

absent. Si le débiteur était présent, une dénonciation devait lui être faite, et, deux ans après, le créancier pouvait poursuivre la vente. Si au contraire le débiteur était absent, la sommation devait être faite par le ministère du juge qui devait fixer un délai pendant lequel le débiteur pourrait encore se montrer et délivrer son gage. Si, dans ce délai, le débiteur ne paraissait pas et n'offrait pas de payer l'intégralité de sa dette, le créancier pouvait faire procéder à la vente. Elle devait toujours avoir lieu aux enchères et après affiches. S'il ne se présentait pas d'enchérisseur, le créancier avait une dernière ressource; il devait se faire envoyer par le prince en possession de la chose qu'il avait alors *in suo dominio*. Pour cela on adressait à l'empereur une requête qui devait indiquer les sommes dues par le débiteur et l'accomplissement des formalités exigées pour la vente, enfin contenir la demande du droit de conserver le gage à titre de propriétaire. Néanmoins Justinien laissait encore *pietatis intuitu* une dernière ressource au débiteur. Il conservait, deux ans après l'envoi en possession, la faculté de dégager sa chose ([1]).

Quand la chose avait été vendue, il pouvait arriver que le prix excédât le montant de la dette; alors le créancier devait restituer au débiteur cet excédant, *superfluum* où *hyperocha* ([2]). A défaut par le créancier de remplir cette obligation, le débiteur avait contre lui *l'actio pigneratitia*. Si au contraire, ce qui devait arriver rarement, le prix de la chose était insuffisant pour éteindre la dette, le débiteur restait tenu du reliquat ([3]).

En recevant le gage, le créancier contractait l'engagement de le restituer après paiement à l'échéance de la dette. Le débiteur avait contre son créancier une action person-

---

([1]) Cod., VIII, 33, *de jure dom. imp.* c. 3. — ([2]) Dig., XIII, 7, *de pign. act.,* l. 24, § 2; Dig., XX, 4, *qui potior in pign,* l. 22, § 5. — ([3]) Dig., XIII, 6, *de pign. act.*, l. 9; Dig., XII, 5, *de reb. cred.*, l. 28.

nelle, *l'actio pigneratitia directa*, si celui-ci ne remplissait pas son engagement. Cette action prenait naissance, non-seulement par suite du paiement de la dette, mais aussi dans tous les cas où par un événement quelconque la dette venait à s'éteindre ; si le créancier était satisfait soit en exigeant de nouveaux gages et en abandonnant les anciens, soit en acceptant d'autres sûretés comme un fidéjusseur, soit enfin en faisant remise du gage moyennant un prix ou par une simple convention (¹). L'action *pigneratitia directa* peut être intentée, non-seulement à l'effet d'obtenir la restitution de la chose lorsque le montant de la dette a été compté au créancier, mais encore à l'effet d'obtenir de lui l'excédant du prix de la chose, lorsque, non payé à l'échéance, le créancier a procédé à la *distractio pignoris* (²).

Si le gage périt entre les mains du créancier gagiste par cas fortuit et sans qu'aucune faute ne lui soit imputable, l'action *pigneratitia directa* est éteinte, et le débiteur n'aura aucun recours contre le créancier. Mais si le gage a disparu, la dette n'en subsiste pas moins ; car elle a une existence tout à fait indépendante du gage.

Le contrat de gage était un contrat de bonne foi ; l'action *pigneratitia directa* pouvait donc toujours être combattue par l'exception de dol. Si le débiteur réclamait sa chose avant d'avoir acquitté l'intégralité de la dette pour laquelle le gage avait été donné, soit même en dernier lieu des dettes postérieures au gage et qui n'avaient pas été garanties, soit enfin les frais faits pour la conservation de la chose, il eût repoussé par l'exception de dol.

Mais pour que l'exception fût utile, il fallait qu'il fût en possession de la chose, qu'il jouât dans l'instance le rôle de défendeur. Lorsque le créancier était dénanti de la chose,

---

(¹) Dig.; XIII, 7, *de pign. act.*; l. 0, § 3. — (²) Dig., XIII, 7, *de pign. act.*, l. 42.

l'exception lui devenait inutile; mais il avait alors pour exercer son recours contre le débiteur l'action *pigneratitia contraria*. Ainsi, dans le cas où un esclave aurait été donné en gage, les soins qu'aurait nécessités la maladie de cet esclave seraient à la charge du débiteur; et, s'il était venu à mourir, le créancier avait alors son action pour recouvrer les frais (¹). Ce n'était pas seulement pour le recouvrement des dépenses indispensables à la conservation de la chose que le créancier pouvait exercer cette action; dans certains cas, il avait un recours même pour de simples dépenses utiles. Ainsi, lorsque le gagiste aura complété l'instruction déjà commencée de l'esclave, ou lorsqu'il la lui aura fait donné entière avec le consentement du débiteur, il pourra exercer un recours contre celui-ci (²).

2. *Effets du droit réel de gage; rapports des parties contractantes avec les tiers.*

Primitivement, le créancier gagiste ne dut pas avoir d'autre action que celle qui découlait ainsi indirectement du gage, de telle sorte que, lorsqu'il était troublé, il devait recourir au constituant pour faire cesser le trouble. Mais plus tard, le préteur considérant qu'il avait la possession et en quelque sorte *l'animus rem sibi habendi*, lui attribua les interdits pour se défendre en cas de trouble ou d'éviction. La possession fut divisée : le constituant conserva la possession *ad usucapionem*, pendant que le gagiste avait la possession *ad interdicta*. Le créancier gagiste pouvait donc employer, soit les interdits *recuperandæ possessionis causa*, lorsqu'il avait perdu la possession, soit les interdits *retinenæ possessionis causa*, lorsqu'il venait à être troublé dans l'exercice de son droit. Ces interdits pouvaient servir tout à la

---

(¹) Dig., XIII, 7, *de pign*, l. 8. — (²) Dig., XIII, 7, *de pign. act.*, l. 25.

fois, et contre les tiers détenteurs, et contre celui qui avait donné le gage.

Lorsqu'un effet mobilier avait été donné en gage, si le créancier gagiste venait à être troublé dans sa possession ou bien même à la perdre, l'interdit *utrubi* était le seul qui fût à sa disposition. Nous savons, en effet, que les autres interdits *uti possidetis et unde vi* étaient seulement applicables aux immeubles. L'interdit *utrubi* était à la fois *retinendæ* et *recuperandæ possessionis causa*, puisque, d'après lui, celui-là avait gain de cause qui avait eu dans le courant de l'année la possession la plus longue.

Le préteur ne s'était pas borné à permettre au créancier gagiste d'user des interdits possessoires ordinaires; il avait créé en sa faveur un interdit spécial, l'interdit Salvien, *interdictum salvianum*. Dans un passage de ses Institutes, Justinien nous parle de cet interdit. *Interdictum quoque quod appellatur salvianum adipiscendæ possessionis causa compara-tum, eoque utitur dominus fundi de rebus coloni, quas is pro mercedibus fundi pignori futuras pepigisset* (¹). Cet interdit est *adipiscendæ possessionis causa*, c'est-à-dire qu'il a pour but de faire acquérir une possession qu'on n'a jamais eue. « *Adipis-cendæ possessionis sunt interdicta quæ competunt his qui ante non sunt nacti possessionem* (²). » D'après ce texte qui appartient à Gaius et que Justinien s'est approprié en le repro-duisant textuellement, l'interdit Salvien n'était accordé qu'au bailleur de fonds rural. Certains auteurs ont pensé cependant que le bénéfice de cet interdit avait dû être étendu aux autres créanciers gagistes ou hypothécaires. C'est là une hypo-thèse qui ne repose sur aucun fondement. On ne trouve aucun texte qui parle de cette extension. S'il en avait été ainsi, on eût sans doute modifié le nom de l'interdit, qu'on

---

(¹) Gaius, IV, § 147, Just., Inst., IV, 15, de interd., § 3 in fine. — (²) Dig., XLIII, 5, de interdic., l. 2, § 3.

eût appelé *quasi-salvianum*, comme on avait fait pour l'action servienne qui avait été nommée quasi-servienne après son extension. Or, dans aucun texte, le mot *quasi-salvianum* n'est prononcé. Il semble donc qu'on doit s'en tenir au texte de Justinien dont la rédaction est restrictive.

Ce qui fait la difficulté de notre matière, c'est que le texte lui-même de l'interdit Salvien ne nous est pas parvenu; cette lacune produit nécessairement de l'obscurité. Aussi les romanistes se sont-ils divisés sur un autre point. On s'est demandé si l'interdit Salvien ne pouvait pas être dirigé aussi bien contre les tiers que contre le fermier lui-même. Les uns, invoquant une constitution de l'empereur Gordien, estiment que l'interdit Salvien ne pouvait être exercé que contre le fermier, et que, si les objets avaient passé entre les mains des tiers, il fallait avoir recours à l'action servienne [1]. Nous pensons cependant qu'il est plus exact de dire que l'interdit pouvait servir et contre le fermier et contre les tiers. Cette opinion est soutenue d'une manière très-nette par Théophile, qui s'exprime en ces termes : « *Adversus quemlibet possidentem rem coloni instituetur salvianum interdictum.* » Ce texte déjà si précis est confirmé par un fragment de Julien [1]. Tout porte donc à croire que le texte de la constitution de Gordien a dû être altéré.

L'interdit vise absolument les mêmes espèces que l'action servienne, néanmoins il ne fait pas double emploi avec elle. Le bailleur qui aura recours à l'interdit Salvien ne sera pas tenu d'établir que les objets engagés appartiennent à son fermier, ou que du moins il était autorisé à en disposer. Cette preuve, au contraire, serait imposée au gagiste qui voudrait user de l'action servienne. Dans certains cas, le

---

[1] Cod., VIII, 9, *de precario et salv. interd.*, c. 2. — [1] Dig., XLIII, 33, *de salv. interd.*

créancier gagiste aura donc avantage à procéder par la voie de l'interdit Salvien.

On considère généralement l'interdit Salvien comme étant l'origine de l'action servienne qui ne serait qu'une transformation de cet interdit. Il est à croire en, effet, que le préteur n'aura pas osé créer tout d'abord une action, et qu'il y aura été amené peu à peu. Mais la création de l'action servienne n'a pas eu pour conséquence de faire tomber l'interdit Salvien en désuétude. Ils ont dû exister simultanément, l'interdit présentant sur l'action l'avantage que nous avons signalé plus haut.

Les interdits, ne permettant d'agir que contre celui qui avait troublé la possession, le *dejiciens,* et ne donnant aucun recours contre les tiers qui avaient reçu la chose de ce dernier ([1]), étaient bien moins avantageux qu'une action réelle qui permettait de poursuivre la chose entre les mains de tous les détenteurs. Aussi, quand le préteur eut créé le contrat d'hypothèque et l'eut muni d'une action réelle, l'action quasi-servienne ou hypothécaire, étendit-il, comme nous l'avons vu, le bénéfice de cette action au créancier gagiste.

L'action quasi-servienne ou hypothécaire était une action *in rem.* En effet, le droit, qu'elle avait pour but de sanctionner, était un droit direct sur la chose elle-même; c'était la chose que le créancier poursuivait. Aussi les textes disent-ils que la chose elle-même était engagée, *res pignori obligata, res obnoxia.* C'était en outre une action arbitraire, ainsi que nous le déclare Justinien dans ses Institutes ([2]). Le judex condamnait le détenteur à payer une somme déterminée, si toutefois celui-ci n'aimait mieux se conformer à *l'arbitrium* du juge en abandonnant la chose engagée.

La formule de l'action était rédigée *in factum.* Le texte ne

---

([1]) Dig., XLIII, 10, *Devl*, l. 7, Paulus — ([2]) *Inst.* Just., IV, 0, *de act.* 50.

nous en est pas parvenu ; mais on a pu, à l'aide de divers
fragments du Digeste, en reconstituer la rédaction, qu'il y a
lieu de considérer comme à peu près exacte : « *Si paret eam.*
rem qua, de agitur ab eo cujus in bonis tum fuit Aulo Agerio pig-
noris nomine obligatam esse pro pecunia quam ille, Aulo Agerio
ex mutuo dare oporteret, eamque pecuniam solutam non esse ne-
que eo nomine satisfactum esse, neque per Aulum Agerium stare
quominus solvatu nisi arbitratu tuo Numerius Negidius Aulo
Agerio restituat aut pecuniam solvat, quanti ea res erit tanti Nu-
merium Negidium Aulo Agerio condemna, si non paret ab-
solve (¹). » A l'aide de cette action, le créancier peut poursuivre la chose engagée entre les mains de tous les tiers
quels qu'ils soient. Il a ce que dans notre Droit moderne on
appelle *droit de suite*.

Cependant, dans certains cas, l'action pourra être repoussée par l'exception : « *Si non Numerio Negidio hypothe-*
cœve nomine sit obligata (¹). » S'il existait, en effet, des créanciers hypothécaires ou gagistes antérieurs, ils devraient être
préférés. Le débiteur n'a pu engager sa chose que telle
qu'elle était entre ses mains, c'est-à-dire grevée des charges
existantes.

La loi romaine accordait au créancier gagiste, dont le
droit était ainsi primé par celui d'un créancier antérieur,
un moyen de se faire mettre en possession de la chose engagée. Il lui suffisait pour cela d'offrir au détenteur actuel
de le désintéresser. Moyennant cette offre, qui ne pouvait
être rejetée, le gagiste obtenait la possession de la chose, et,
en ce qui concernait la créance acquittée, il se trouvait mis
au lieu et place du créancier désintéressé. C'était là ce qu'on
appelait le *jus offerendœ pecuniœ*.

Par suite de l'extension au gage de l'action quasi-servienne créée pour l'hypothèque, ces deux contrats présen-

---

(¹) M. DEMANGEAT, *Cours de Droit romain*, t. II, 326.

taient entre eux de très-nombreuses ressemblances. Aussi Justinien, dans ses Institutes, nous dit-il au paragraphe 7 du livre des actions : « *Inter pignus et hypothecam quantum ad actionem hypothecariam nihil interest.* » Mais s'il est vrai qu'en ce qui touche l'action hypothécaire, nulle différence ne sépare le gage de l'hypothèque, il faut cependant bien se garder de les confondre ; car il y a entre eux, à d'autres points de vue, des différences capitales que nous allons étudier dans le chapitre suivant.

V

PARALLÈLE ENTRE LE GAGE ET L'HYPOTHÈQUE

Il est inexact de dire que le gage se confond de tous points avec l'hypothèque, et qu'il n'en diffère que par le nom, *tantum sonus differt*. Ces deux contrats présentent, il est vrai, des analogies, mais il y a entre eux de nombreuses et profondes différences.

Le gage et l'hypothèque sont tous deux des droits réels d'origine prétorienne, qui ont pour but de garantir le paiement d'une dette. Ils supposent une dette préexistante dont ils ne sont que l'accessoire et à laquelle ils sont subordonnés. Cette dette peut être civile ou prétorienne. Une dette naturelle suffirait même pour motiver l'existence de ces contrats. Le gage et l'hypothèque peuvent également garantir une dette future ou une dette conditionnelle; dans ce dernier cas, la chose n'est engagée qu'autant que la condition s'accomplit (¹).

L'hypothèque, de même que le gage, peut aussi bien porter sur des meubles que sur des immeubles. C'est là une différence capitale qui existe entre le système hypothécaire romain et le système hypothécaire français. Nous avons vu cependant que le mot *pignus* s'appliquait d'une manière spéciale à l'engagement des meubles (²).

Les deux droits peuvent être constitués sur une chose, non-seulement par celui qui en a le *dominium*, mais aussi par celui qui a la chose *in bonis* (³). Il en est de même du superficiaire (⁴).

De plus, les avantages qui résultent du gage sont à peu près les mêmes que ceux résultant de l'hypothèque. Ces deux droits ayant pour but d'assurer le remboursement de la dette à l'échéance, le créancier gagiste et le créancier hypothécaire auront le droit de faire vendre la chose, à défaut de paiement à l'échéance, pour se payer sur le prix par préférence aux autres créanciers. C'est là ce que la loi appelle le *jus vendendi seu distrahendi*. Ils ont enfin tous les deux une action *in rem* contre tout détenteur de la chose engagée. Cette action *in rem*, qui était une création prétorienne, ne fut d'abord accordée qu'au créancier hypothécaire; mais plus tard le privilége en fut étendu au gagiste, à raison de l'analogie qui existait entre ces deux contrats. Désormais le créancier gagiste, qui avait perdu la possession, n'était plus borné aux interdits ; il avait à sa disposition une action réelle. Aussi disait-on que « *inter pignus et hypothecam quantum ad actionem hypothecariam attinet nihil interest* (⁵). »

(¹) Dig., XX, 1, *de pign. et hyp.*, l. 5. — (²) Inst., Just., IV, 6, *de act.* § 7; Dig., L, 16, *de verb. sign.*, l. 238. — (³) D., XX, 1, *de pign. et hyp.* l. 17. — (⁴) Dig., XX, 1, *de pign. et hyp.* l. 13, § 7. — (⁵) Inst. Just., IV, 6, *de act.*, § 7; Dig., XX, 1, *de pign. et hyp.*, l. 5, § 1; Dig., XIII, 7, *de pign. act.*, l. 9, § 2.

C'est en exagérant ces caractères de ressemblance que l'on est arrivé, mais à tort, à dire qu'il n'y avait que le nom qui différait dans les deux droits.

La différence fondamentale et caractéristique qui existe entre le gage et l'hypothèque, est relative au mode de création de ces deux droits. Nous avons vu que le *pignus* n'existe qu'à condition que le contrat soit suivi de la tradition, en d'autres termes qu'il se forme *re*. L'hypothèque, au contraire, se créait par une simple convention, sans qu'il fût besoin d'aucune tradition. Le simple pacte suffisait pour engendrer l'hypothèque, pour donner au créancier un droit opposable aux tiers, garanti par une action réelle. C'était là une dérogation au principe bien connu, d'après lequel la convention était impuissante pour créer des droits réels. Ainsi, dans l'hypothèque, contrairement à ce qui se produisait dans le gage, le propriétaire de la chose en conservait la possession. Il pouvait résulter de cette situation des conséquences fâcheuses pour le crédit. Rien n'avertissait les tiers de l'existence des hypothèques dont les choses étaient grevées. La seule garantie des tiers était dans les peines dont la loi frappait les stellionataires, c'est-à-dire ceux qui vendaient ou engageaient, sans donner avis, la chose déjà grevée (¹).

De ce que le gage se forme par la tradition, tandis que l'hypothèque résulte du simple pacte, une nouvelle différence s'établit entre ces deux contrats, en ce qui touche la formation. Le *jus pignoris* pourra s'acquérir *per extraneam personam, id est per procuratorem* (²). Au contraire, les pactes ne peuvent produire des droits pour autrui, *alteri paciscere nemo potest*. Par suite, l'hypothèque, se constituant par un pacte, ne pourra être constituée *per procuratorem* (³).

La tradition étant essentielle pour la constitution du gage,

(¹) Just., *Inst.*, IV, 6, *de act*, § 7; *Dig.*, XIII, 7, *de pign. act.* l. 9, § 2. — (²) *Dig.*, XIII, 7, *de pign. act.*, l. 11, § 6. — (³) *Dig.*, *ibid.*, l. 9.

il est évident que l'on ne peut donner en gage que des choses actuellement existantes. L'invention de l'hypothèque, au
contraire, permet d'engager des choses futures. Rien n'empêche, en effet, de faire un pacte sur les choses à venir. On
peut donc constituer une hypothèque, soit sur tel bien à venir, déterminé, soit sur tous ses biens à venir (¹).

De la nécessité de la tradition pour l'existence du gage
découle une autre conséquence qui constitue une autre
différence avec l'hypothèque. On ne peut donner en même
temps la même chose en gage à plusieurs personnes.
« *Plures in solidum possidere non possunt.* » De telle sorte que
l'objet, une fois donné en gage, alors même qu'il serait de
beaucoup supérieur à la créance garantie, ne pourra de
nouveau être donné en gage à une autre personne. L'emprunteur a épuisé d'un coup tous ses moyens de crédit. Au
contraire, on peut hypothéquer successivement la même
chose à plusieurs personnes. Celui au profit de qui aura été
constituée la première hypothèque, devra être préféré aux
autres créanciers postérieurs, même hypothécaires. Bien
plus, on peut donner en gage une chose hypothéquée déjà.
Le droit du gagiste est alors primé par celui du créancier
hypothécaire antérieur.

Enfin, nous relevons une autre différence qui est capitale.
Celui qui reçoit une chose en gage a voulu avoir la possession de la chose, *incumbere pignori*. Cette chose doit rester
en ses mains, il peut la retenir jusqu'au paiement de la
créance; s'il perd la possession, il aura donc le droit pour
la recouvrer d'intenter non-seulement les interdits possessoires, mais encore d'exercer dès à présent l'action quasi-
servienne contre le détenteur de l'objet engagé (²).

Au contraire, tant que l'échéance n'est pas arrivée, le

(¹) *Dig.*, XX, 1, *de pign. et hyp.*, l. 52, § 2, l. 12, pr. et § 3. — ²; *Dig*,
ibid., l. 11.

créancier hypothécaire n'aura pas droit à cette action. Que pourrait-il réclamer en effet? Il n'a aucun droit à la possession, il n'a que celui de faire vendre la chose pour se payer sur le prix; mais il est indispensable que sa créance soit devenue exigible pour qu'il lui soit possible d'exercer ce droit (¹).

(¹) Dig., VII, 4, quibus modis ususfructus, l. 5, § 1.

DU GAGE COMMERCIAL

Entraver les conventions utiles et
honnêtes pour empêcher le dol de s'y
introduire n'est plus l'œuvre de notre
temps. Donner à l'honnêteté toute sa
carrière et atteindre la fraude quand
elle se montre sont des idées vraies,
qui sont destinées à pénétrer de plus en
plus dans nos lois. (Premier rapport
fait au nom de la commission sur le
projet de loi du 29 mai 1863.)

INTRODUCTION

Toute personne qui contracte un engagement personnel
oblige par cela même tous ses biens, c'est-à-dire que le
créancier acquiert le droit de poursuivre son paiement sur
tous les biens mobiliers et immobiliers, présents et à venir
de son débiteur. Sans ce principe, les relations sociales
deviendraient bien difficiles. Si la loi n'accordait pas cette
garantie au créancier, si elle l'obligeait à s'en remettre au
bon vouloir de son débiteur, si elle laissait celui-ci libre de
suivre ou de ne pas suivre les inspirations de son for inté-
rieur, comme disait Pothier, le crédit deviendrait impossible, parce que le créancier serait réduit à cette alternative,
ou de renoncer à son droit ou de chercher à obtenir satisfaction par la violence — Aussi c'est une de ces règles qui

sont de tous les temps et que nous trouvons dans le droit coutumier, formulée par cet adage *qui s'oblige, oblige le sien.* Elle est en outre consacrée par le Code civil, qui l'a reproduite dans l'art. 2092.

C'est d'ailleurs là une garantie bien précaire et bien fugitive. Les biens en effet forment le gage de tous les créanciers du débiteur, et le prix doit s'en répartir entre eux par contribution, sans égard à la date respective de leurs titres. Tel qui au moment du contrat, en raison de sa fortune personnelle, inspirait la confiance, peut, soit par ses dissipations, soit à la suite de spéculations malheureuses, devenir incapable de faire face à ses engagements. Dans ce cas, quelle que soit la date de son titre, aucun créancier ne pourra prétendre à un droit exclusif, privilégié sur les biens de son débiteur qui se partageront proportionnellement entre tous créanciers. Le droit qu'a chaque créancier est un droit contre la personne, un droit *personnel;* ils sont donc tous égaux. De là, la nécessité de concéder sur les biens des droits spéciaux et *réels* qui soient, pour les créanciers, un avantage sérieux à l'abri des éventualités en mettant dans leurs mains des valeurs suffisantes pour assurer le paiement à l'échéance. *Tutius est rei incumbere et possidere quam in personam agere.* (DIG., l. 1, *de superf.*) En vertu de ce droit, le créancier qui en est nanti a sur tous les autres une cause légitime de préférence et n'est plus obligé de subir leur concours. Au nombre de ces sûretés réelles, se trouve le nantissement qui est la remise par le débiteur entre les mains du créancier d'une chose que celui-ci pourra retenir jusqu'au paiement ou faire vendre pour se payer sur le prix, si le débiteur refuse ou ne peut s'acquitter à l'échéance.

Le Droit civil a distingué soigneusement le contrat de nantissement, portant sur les choses mobilières, de celui portant sur les choses immobilières, et les a soumis à des règles différentes. Le premier porte le nom de *gage,* le second celui

d'*antichrèse*, le mot de nantissement s'appliquant d'une
manière générale à tous les deux, (Code civil, art. 2072.)
Cette distinction n'a aucune importance dans le droit commercial où le nantissement immobilier, l'antichrèse, est
très-peu usité, à tel point que, dans la langue des affaires,
l'usage a prévalu de désigner du nom de nantissement le
contrat de gage, quoiqu'il ne porte que sur des choses mobilières. Néanmoins, pour plus d'exactitude, nous conserve-
rons la terminologie du Code civil, qui est plus précise.

Le contrat de gage intervient très-rarement dans les
transactions civiles, où il ne garantit guère que les prêts
faits aux monts-de-piété. En dehors du commerce, les
créanciers exigent une garantie, un cautionnement, ou
mieux encore une hypothèque. Cependant, depuis un certain nombre d'années, grâce aux Sociétés financières et
industrielles fondées par actions, la fortune mobilière a
pris un immense développement et affecte une forme qui se
prête mieux à la constitution de gage. Aussi est-il devenu
depuis lors d'une application plus fréquente.

Dans les rapports commerciaux, au contraire, le gage est
plus fréquemment et plus utilement pratiqué. Il fait la sûreté
du commerce de commission; dans les affaires de banque,
si des capitaux d'une place viennent au secours d'une autre
place, c'est par les consignations que le crédit sollicité et
garanti se décide à faire les avances de numéraire qui en-
tretiennent la vie commerciale et le mouvement régulier des
transactions. Aujourd'hui surtout, grâce aux heureuses
innovations introduites dans le commerce par la création
des magasins généraux, l'usage des warrants, des chèques
et des virements, le contrat de gage s'est élevé, a grandi et
rend au commerce et à l'industrie d'immenses services, en
leur procurant le crédit qui les vivifie et les féconde. Son
importance ne peut que s'accroître de jour en jour, à mesure que se généralisera l'usage de ces nouveaux procédés,
aujourd'hui trop peu connus et par suite peu pratiqués. Il y

a là, pour le négociant, l'industriel, l'agriculteur, un moyen à la fois facile et sûr d'obtenir le crédit dont ils ont tant besoin, le crédit qui ne multiplie pas les capitaux, comme certains économistes l'ont soutenu, mais qui permet de faire valoir les capitaux disponibles qui, sans lui, demeureraient improductifs, et qui contribue ainsi à augmenter la fortune publique.

Le négociant, qui a consacré une partie de ses capitaux à acheter des marchandises, peut, en attendant le moment propice pour les revendre, s'en servir pour obtenir de nouveaux capitaux, à l'aide desquels il pourra entreprendre de nouvelles spéculations. Les capitalistes, ayant dans les marchandises une garantie d'obtenir à l'échéance un remboursement sûr et facile, n'hésiteront pas à confier leurs capitaux au commerce, certains qu'ils sont de ne courir aucun risque.

Puisque le contrat de gage est si favorable au commerce, il était du devoir du législateur d'en faciliter le plus possible l'emploi, c'est ce qu'il a cherché à faire par la loi du 23 mai 1863. Avant cette loi, le contrat de gage, même en matière commerciale, était soumis aux nombreuses formalités prescrites par le Droit civil. Il fallait un acte public ou privé dûment enregistré, ou, pour parler d'une manière plus générale, revêtu de la date certaine. De plus, à défaut de paiement à l'échéance, la vente du gage ne pouvait s'opérer que sous des conditions déterminées. Ces exigences ne s'accommodaient guère avec les usages et les besoins du commerce. Toutes les précautions prises par le Droit civil pour assurer la sincérité des conventions et sauvegarder les intérêts des tiers étaient pour le commerce d'inutiles entraves qui le paralysaient et gênaient sa liberté d'action. En vain le commerce avait tenté de s'en affranchir; la jurisprudence, tenant à cœur de faire respecter la loi, avait déconcerté ses efforts. En vain aussi des jurisconsultes autorisés, au nombre desquels on compte Troplong, avaient-ils essayé de faire admettre que les prescriptions du Code civil ne devaient pas s'appliquer aux transactions commerciales, la loi était formelle, et, tout en reconnaissant la justice des critiques qui lui étaient adressées, on n'en était pas moins forcé de l'appliquer. La loi du 23 mai 1863 vint trancher la difficulté en débarrassant par un texte formel les relations commerciales, de la réglementation gênante du droit civil. Les dispositions de cette loi ont été intercalées dans le Code de commerce et figurent sous les art. 91, 92 et 93. Ce sont les règles spéciales contenues dans ces articles qu'il s'agit d'étudier. Mais auparavant il sera nécessaire d'indiquer, ne fût-ce que sommairement, les principes du Droit civil relatifs au gage. Le Droit civil, en effet, est la base du Droit commercial; c'est lui qui établit les principes généraux; c'est à lui qu'on doit se référer dans l'application, lorsque la loi commerciale ou les usages commerciaux n'ont pas dérogé à ses dispositions.

« Il doit être bien entendu, dit l'exposé des motifs de la loi de 1863, que les principes du Code civil en matière de nantissement sont applicables au nantissement commercial, toutes les fois qu'il n'y est pas dérogé par une loi spéciale, et c'est ainsi que le Code de commerce a constamment procédé. Les auteurs de ce Code ont pris constamment, sans qu'il fût même nécessaire d'y renvoyer expressément, les principes et les règles du Code civil, s'attachant seulement à les compléter ou à les modifier quand il était nécessaire pour les besoins du commerce. »

1

NATURE DU CONTRAT DE GAGE

Le gage est un contrat par lequel le débiteur ou un tiers remet au créancier un objet mobilier corporel ou incorporel, dans le but de se faire payer sur cet objet de préférence à d'autres créanciers. Telle est la définition qui résulte des art. 2071 à 2073 du Code civil. Il suppose donc l'existence d'un contrat antérieur dont il a pour but de garantir l'exécution. C'est, au même titre que le cautionnement ou l'hypothèque, un contrat accessoire dont la validité est subordonnée à l'existence du premier contrat. Si, pour un motif quelconque, la dette dont les parties se proposaient de garantir le paiement vient à s'éteindre, le gage, n'ayant plus sa raison d'être, s'évanouit par cela même. Une autre conséquence importante découle de cette considération que le gage est un contrat accessoire. La nature de l'obligation principale qu'il a pour objet de garantir modifie la sienne. Si la dette est commerciale, le gage lui-même emprunte le caractère commercial, et les contestations élevées sur son caractère et ses effets rentrent alors dans la compétence des tribunaux de commerce.

Le contrat de gage n'est pas un contrat synallagmatique parfait; il n'est même pas, comme nous avons essayé de le démontrer, un contrat synallagmatique imparfait; c'est un contrat unilatéral. Au moment du contrat, il n'y a d'obligation que du côté du créancier, qui s'engage à remettre la chose dès que la dette aura été payée. Néanmoins, des obligations peuvent naître à la charge du débiteur, dans le cas où le créancier aurait fait des dépenses nécessaires à la conservation de la chose engagée. Mais alors ces obligations ne découlent pas du contrat ; elles ont pour cause un fait entièrement indépendant.

Le gage implique nécessairement la remise effective de l'objet engagé. Comme le prêt, le dépôt c'est un contrat réel qui se forme par la tradition. Avant cette remise, il peut y avoir une obligation valable par laquelle le débiteur est tenu de remettre l'objet ; il n'y a pas gage. — Cette obligation précède le gage et en diffère, comme la promesse de vente diffère de la vente. (POTHIER, *Nantis.*, n° 9.) En un mot, la tradition est de l'essence du contrat de gage. Cette disposition se justifie très-bien. Elle a pour but, en désaisissant le débiteur, de montrer à ses créanciers la véritable situation de sa fortune mobilière et d'éviter de cette sorte que, par les apparences trompeuses d'une fortune grevée de charges, il n'obtienne un crédit que sa situation réelle ne justifie pas. Cette formalité est surtout utile pour le gage commercial depuis que les autres formalités ont été supprimées. Aussi a-t-on cru utile de répéter dans le Code de commerce cette prescription déjà renfermée dans le Code civil.

La tradition de l'objet, constitutive du gage, n'opère pas la translation de la propriété. La possession seule passe entre les mains du créancier gagiste. Le débiteur restant propriétaire, les pertes arrivées par cas fortuit à la chose sont à sa charge en vertu de la maxime *res perit domino*. Il en est de même des détériorations survenues sans la faute du créancier pendant la durée du gage ; mais aussi, par contre, il bénéficie des plus-values.

Le gage est indivisible comme en Droit romain, c'est-à-dire qu'il demeure affecté au paiement de la dette tout entière aussi bien que de ses moindres parties (art. 2083 du Code civil). Si un débiteur meurt laissant plusieurs héritiers, sa dette se divise entre eux, mais le droit de gage qu'il a consenti sur un objet à lui appartenant est indivisible, et le gage ne pourra être réclamé par les héritiers que lorsque l'intégralité de la dette aura été payée. Réciproquement, le créancier venant à mourir, sa créance se divise de plein droit entre ses héritiers, mais le gage reste affecté tout entier au paiement de la créance de chacun d'eux.

Un emprunteur eût-il donné plusieurs objets mobiliers pour garantir une seule dette; tant qu'il n'aura pas payé la dette tout entière, il ne pourra réclamer aucun des objets engagés. En décidant ainsi, la loi n'a fait que consacrer la volonté présumée des parties; mais elle n'a pas entendu poser un principe absolu auquel il ne fût pas possible de déroger. Les parties pourront donc, si elles le jugent convenable, convenir que le gage, quoique réputé indivisible par la loi, sera divisible et divisé par l'effet de la volonté. Il n'y a pas là en effet un de ces principes que la loi doit maintenir intact dans l'intérêt de l'ordre public; la liberté des conventions doit donc rester entière.

Ce principe est incontestable, cependant il paraît avoir été quelque peu méconnu dans un arrêt de la Cour de cassation en date du 18 décembre 1866. Il s'agissait, dans l'espèce, d'une caution qui, venant s'engager à raison d'une dette pour sûreté de laquelle le débiteur principal avait déjà remis en nantissement au créancier des titres et des valeurs considérables, stipulait qu'elle pourrait payer partiellement et qu'à chaque paiement partiel le créancier lui remettrait une partie proportionnelle des valeurs que le nantissement immobilisait entre ses mains. La condition étant acceptée, il en résultait que le gage n'était pas indivisible et qu'à chaque paiement par elle effectué à la décharge du débiteur principal, la caution en acquérait une partie correspondante qui devenait sa garantie personnelle au point de vue de son

recours contre ce dernier. Peu de temps après et en exécution de la convention, la caution paya, en effet, une partie
de la dette; néanmoins, comme le gage consistait en un
titre unique et qu'un certain temps était nécessaire pour en
faire la coupure de manière à pouvoir détacher la portion
qui revenait à la caution, il resta tout entier nonobstant le
paiement partiel aux mains du créancier; il y était encore
tout entier, la dette n'étant éteinte qu'en partie, lorsque
quelque temps plus tard le débiteur principal et la caution
tombèrent successivement en faillite. En cet état, le
syndic de la caution a réclamé la livraison des titres qui
auraient dû être remis lors du paiement partiel; mais son
action a été déclarée mal fondée par un arrêt de la Cour de
Paris dont la Cour de cassation a maintenu la décision
en rejetant le pouvoir formé par le syndic. La Cour de cassation aurait dû, ce semble, considérer que, d'après les termes
de la convention, le paiement partiel avait conféré à la caution un droit auquel les insolvabilités survenues ultérieurement n'auraient pas pu porter atteinte.

II

CAPACITÉ NÉCESSAIRE POUR FAIRE UN CONTRAT DE GAGE

Le contrat de gage implique de la part du débiteur aliénation conditionnelle de l'objet engagé, puisque celui-ci consent à ce qu'il soit vendu si la dette n'est pas payée à l'échéance. La capacité pour engager doit donc être la même que celle qui est nécessaire pour consentir une vente. Il n'y a donc qu'à appliquer ici la règle générale, en vertu de laquelle celui-là seul peut donner une chose en gage qui en est le propriétaire, ou qui a reçu du propriétaire mandat d'en disposer en cette qualité.

Mais que faudrait-il décider, dans le cas où un débiteur aurait donné en gage une chose qui ne lui appartiendrait pas? Il faut distinguer plusieurs hypothèses : si le créancier n'était pas de bonne foi, s'il savait en recevant la chose engagée que celui de qui il la recevait n'en était pas propriétaire, le contrat est nul en ce sens que le propriétaire peut revendiquer sa chose aussi longtemps qu'il pourrait la revendiquer contre celui qui l'a donnée en gage. Le créancier mis de bonne foi en possession de l'objet pourra le garder jusqu'au paiement de sa créance et repousser toutes les réclamations du propriétaire. Il n'en sera pas de même s'il s'agit d'un objet volé. « Le créancier légalement saisi d'un gage, dit l'exposé des motifs, ne saurait craindre l'intervention de personne, si ce n'est celle de tiers qui prouveraient que le meuble donné en gage leur a été dérobé. » Comme il est facile de le remarquer, cette exception relative à l'objet volé n'est autre chose que l'application de l'art. 2279, d'après lequel celui qui a perdu et auquel il a été volé une chose peut la revendiquer pendant trois ans, à compter du jour de la perte ou du vol contre celui dans les mains desquels il la trouve. Il faut en conclure qu'au bout de trois ans le propriétaire de l'objet engagé à son insu perdrait, malgré la généralité des termes de l'exposé des motifs rapportés plus haut, la faculté de revendiquer.

On peut valablement donner en gage à son débiteur une chose déjà engagée; mais il faut que le nouveau créancier obtienne conjointement avec le premier la possession de la chose engagée, ou qu'elle soit détenue par un tiers pour leur compte commun. La cour d'Aix a décidé ainsi dans des circonstances spéciales. Un négociant, possédant des marchandises dans un magasin, les avaient données en garantie et avait effectué la tradition à l'aide de la remise des clés. Plus tard, sans que le premier contrat fût éteint, il les donna en gage à l'aide de nouvelles clés. La Cour a décidé, et avec raison, que le second contrat était valable, mais elle a accordé la préférence au créancier premier nanti; de telle sorte que le second créancier avait un privilège sur les créanciers chirographaires, mais ne pouvait se faire payer qu'après le complet désintéressement du premier.

Les règles applicables en matière de faillite trouvent ici leur place. Aux termes de l'art. 446 § 3 du Code de commerce, sont nuls et sans effets relativement à la masse, lorsqu'ils auront été faits par le débiteur depuis l'époque déterminée par le tribunal comme étant celle de la cessation de paiement, ou dans les dix jours qui auront précédé cette époque, tous droits d'antichrèse ou de nantissement constitués sur les biens du débiteur pour dettes *antérieurement contractées*. Il est important de remarquer que cet article ne vise que le cas où un nantissement aurait été donné pour garantir une dette antérieurement contractée. Si le gage était constitué au moment où naît la dette, il ne serait pas radicalement nul, mais il pourrait être annulé s'il y avait fraude, et si cette fraude avait causé un préjudice quelconque à la masse des créanciers. (Art. 447 du Code de commerce.)

Pour que le contrat de gage soit valable, il ne suffit pas que le débiteur qui donne le gage ait la capacité de l'aliéner, il faut encore que le créancier gagiste ait la capacité de s'obliger. Il contracte en effet, en recevant le gage, des obligations éventuelles, car il est responsable de la garde des objets qui lui sont remis. Il faut appliquer ici les règles générales sur les contrats et obligations.

III

DES CHOSES QUI PEUVENT FAIRE L'OBJET D'UN GAGE

Peuvent faire l'objet d'un gage toutes les choses mobilières qui sont susceptibles d'être vendues, ainsi des bijoux, des objets d'art, des animaux, etc... Pothier remarquait que l'argent lui-même pouvait être donné en gage; il citait comme exemple l'argent déposé dans les bibliothèques publiques par des étudiants pour sûreté de la restitution des livres qu'on leur permettait d'emporter. Mais, de tous les objets qui peuvent servir de gage, les marchandises se prêtent assurément le mieux à cet usage. La marchandise, dit Troplong, réunit les conditions qui rendent le gage facile, commode et sûr. Dans sa rapide et vive circulation, elle est presque en même temps vendue, expédiée et consignée. Toujours vénale, elle fait plus qu'assurer les écus; elle les représente et tient pour ainsi dire leur place; toujours destinée au mouvement, elle ne craint pas dans les liens du gage une complète et stérile inertie. Quoique engagée, elle peut être déplacée, et, alors même qu'elle est en route, elle attire à elle les capitaux par la transmission du connaissement ou de la lettre de voiture.

Non-seulement les choses mobilières corporelles, mais encore les choses mobilières incorporelles, telles que créances, actions, obligations, parts d'intérêts des compagnies de finance ou d'industrie, titres nominatifs ou au porteur, peuvent être données en gage. On avait d'abord mis en doute la possibilité de donner en gage les choses incorporelles. On considérait que, par leur nature même qui en rendait la tradition impossible, elles se refusaient à cet emploi. — Cette opinion restrictive, empruntée aux principes du vieux Droit romain, après avoir été adoptée par Pothier, fut abandonnée par lui. « Comme la tradition, dit-il, dont les dettes actives ne sont pas susceptibles, peut se suppléer en remettant à celui à qui on les donne en nantissement le billet ou l'obligation du débiteur qui est l'instrument de cette dette active, et en faisant, par le créancier à qui la dette active a été donnée en nantissement, signifier au débiteur de cette dette l'acte par lequel elle a été donnée en nantissement avec défense de payer en d'autres mains qu'en celles de celui à qui elle a été donnée en nantissement, il y a lieu de soutenir que les dettes actives en sont aussi susceptibles. »

Il n'est plus possible de contester sur ce point aujour-

5

d'hui; la loi civile et la loi commerciale ont pris soin de se prononcer formellement. Tous les objets mobiliers corporels ou incorporels, susceptibles d'être vendus ou cédés, peuvent être donnés en gage. Il n'y a aucune difficulté possible en ce qui touche les meubles corporels mobiliers; mais il importe de fournir quelques explications sur certains objets incorporels qui ont été l'occasion de contestations, tant dans la doctrine que dans la jurisprudence.

Les titres de rente sur l'État, ayant été par des motifs dont ce n'est pas ici le lieu de discuter la justesse, déclarés insaisissables, on s'est demandé s'ils pouvaient être la matière d'un nantissement. La solution de cette question n'est pas douteuse. Les rentes sur l'État sont, il est vrai, insaisissables; mais elles ne sont pas incessibles. A raison de leur cessibilité, rien ne s'oppose à ce qu'elles soient remises en gage. Dans ce cas, le créancier nanti aura la faculté de les faire vendre à la Bourse, comme il aurait pu le faire si elles lui avaient été cédées à titre de propriété. C'est ce qui a été fréquemment décidé par la jurisprudence, et tout récemment encore par un arrêt de la Cour de Paris du 17 janvier 1868.

Il en est de même du brevet d'invention. Celui-ci peut, au même titre que les autres droits incorporels, être donné en gage. Lorsqu'il en est ainsi, la remise en gage ne confère pas au créancier nanti le droit de l'exploiter, qui reste toujours au titulaire; le créancier a seulement le droit de conserver le brevet pour le faire vendre à son profit, s'il n'est pas payé à l'échéance.

Une très-vive controverse s'est élevée sur le caractère du droit du preneur dans le contrat de bail. On admet généralement aujourd'hui que c'est un droit mobilier. En effet, de même que, par le contrat de bail, le preneur s'engage à payer une somme déterminée, de même aussi, d'autre part, il acquiert le droit à la jouissance qui est une véritable créance. Si le droit du preneur est mobilier, il peut, à ce titre, fournir matière au contrat de gage. (Req. rej., 6 mars 1861 ; Paris, 11 avril, 3 mai 1866.)

Les navires, que la loi déclare meubles, peuvent sans nul doute être donnés en gage. Ils rentrent dans les dispositions générales de l'art. 2073 du Code civil, puisque la loi n'établit aucune exception à leur égard. Il n'y a aucune objection à tirer de ce que les navires, à l'inverse des meubles ordinaires, sont soumis au droit de suite. En effet, comme l'a très-bien dit la Cour de cassation, tant que le navire continue à être la propriété du débiteur, cette affectation n'a pas plus d'effet que le droit qui appartient à tout créancier de se faire payer sur la chose de son débiteur comme étant son gage; par conséquent, elle ne peut être un obstacle au nantissement et au privilége qui en résulte. (Cass., 2 juillet 1856.)

Les navires, à raison de leur importance, appartiennent rarement à une seule personne. Dans la pratique, le navire est divisé en vingt-quatre parts ou portions, appelées *quirats*, qui sont autant de fractions du navire. Chacun de ces *quirats* peut donner lieu à une vente parfaitement valable, et les co-propriétaires ne seraient pas fondés à se plaindre du contrat qui ouvre à un étranger l'accès de leur communauté. Il en résulte nécessairement, comme conséquence, que le transfert du *quirat* peut également être opéré à titre de garantie.

IV

FORMES DE LA CONSTITUTION DU GAGE

Les règles énoncées jusqu'à présent sont communes au gage commercial et au gage civil; elles ne sont que l'interprétation des articles du Code civil. Nous arrivons maintenant à des règles spéciales aux matières commerciales, consacrées par la loi du 23 mai 1863, qui a été incorporée dans le Code de commerce sous les art. 91 à 95.

Pour éviter que le gage ne devînt pour le débiteur un moyen de frauder la masse de ses créanciers au profit d'un ou de quelques-uns d'entre eux, soit par simulation d'un prétendu gage, soit par substitution d'objets plus précieux à ceux précédemment engagés, le législateur avait soumis la création de ce contrat à des conditions nombreuses. Les formalités avaient été empruntées par le Code civil à notre ancien Droit français. « *Aucun prêt,* dit l'Ordonnance de 1673, art. 8, *ne sera fait sous gage, qu'il n'y en ait un acte par-devant notaires dont il sera retenu minute qui contiendra la somme prêtée et les gages qui auront été délivrés, à peine de restitution des gages, à laquelle le prêteur sera contraint par corps, sans qu'il puisse prétendre de privilège sur les gages,* SAUF A EXERCER LES AUTRES ACTIONS. *Les gages,* ajoutait l'art. 9, *qui ne pourront être exprimés dans l'obligation, seront énoncés dans une facture ou inventaire dont sera fait mention dans l'obligation, et la facture ou inventaire contiendra la qualité, quantité, poids et*

mesure des marchandises ou autres effets donnés en gage, sous
les peines portées par l'article précédent. »

Ces dispositions de l'Ordonnance avaient pour but de rendre la fraude difficile sinon impossible. Le premier article cité visait le cas où le débiteur, pour frustrer ses créanciers, donnerait des objets en gage, au moment où ses biens vont être mis sous la main de justice. Dans ce cas, la constitution du gage était nulle; mais le créancier pouvait réclamer le paiement de sa créance, exercer ses autres actions, dit l'Ordonnance. L'art. 9 tendait à éviter qu'un objet d'une plus grande valeur ne vînt remplacer après coup un objet déjà engagé, mais d'une valeur moindre.

Ces formalités n'étaient prescrites qu'en faveur des tiers, les parties contractantes n'auraient pu en opposer l'inaccomplissement. Ce qui faisait dire à Pothier qu'elles n'étaient pas substantielles au contrat de gage. En leur absence, le contrat existe; il est bien et dûment formé, mais il ne peut être opposé aux tiers qui ont des motifs de suspecter la sincérité des parties.

Dans l'ancien Droit, ces formalités étaient exigées tout aussi bien en matière commerciale qu'en matière civile, et cela s'explique à merveille. Dans le commerce, en effet, ces fraudes, ces simulations qu'on redoutait étaient bien plus faciles et bien plus dangereuses, notamment en cas de faillite. Il y avait alors un autre abus à redouter : il arrivait en effet souvent, lorsque le débiteur venait à être déclaré en faillite, que les créanciers, nantis d'un gage, se présentaient d'abord pour être payés au marc le franc, concurremment avec les autres créanciers, de l'intégrité de leur créance; puis, le dividende ainsi obtenu, ils remettaient au failli le gage qui aurait dû cependant rester à l'actif de la faillite. Ils tiraient ainsi, comme dit Savary, d'un sac deux moutures. En exigeant que le gage fût constaté par un acte public, la loi faisait que les créanciers se trouvaient instruits de son existence, et ce genre de fraude devenait impossible.

Ces dispositions de l'ancienne loi avaient été trouvées très-gênantes pour le commerce surtout, et étaient complétement tombées en désuétude. La loi s'observait, nous dit Duparc-Poullain, avec si peu d'exactitude qu'on pouvait la considérer comme tout à fait hors d'usage. Les rédacteurs du Code civil reprirent les termes de l'Ordonnance en ce qui concerne la forme, et exigèrent dans l'art. 2074 un acte public ou sous-seing privé, enregistré, contenant déclaration de la somme due, ainsi que la nature des choses remises en gage ou un état annexé de leur qualité, poids et mesure. Mais en même temps on introduisit dans le Code une modification importante en décidant, contrairement à l'ancien Droit, que les règles ci-dessus indiquées, ne seraient pas applicables en matière de commerce qui devait être régi par des lois spéciales. Ce renvoi à des lois spéciales pour déterminer la forme du gage commercial imposait au législateur l'obligation de traiter ultérieurement le sujet. Mais quand on procéda à la rédaction du Code de commerce, on se contenta simplement de renvoyer aux dispositions prescrites par le Code civil (art. 95 ancien du Code de commerce).

Les commentateurs s'étaient donné carrière pour concilier ces deux textes contradictoires, et de nombreux arrêts étaient intervenus en sens divers. Les uns déclaraient que l'art. 95 du Code de commerce, qui renvoyait pour la forme à donner au contrat de gage aux dispositions du Droit civil, ne visait qu'un cas particulier, celui où le créancier gagiste habitait le même lieu que le débiteur, et décidaient que dans les autres cas la preuve du contrat se faisait, même à l'égard des tiers, conformément aux règles ordinaires du Code de commerce. Suivant l'opinion contraire, dans tous les cas, sans aucune exception, pour que le contrat de gage fût opposable aux tiers, il fallait de toute nécessité qu'un acte notarié ou un acte sous-seing privé ayant date certaine eût été rédigé. C'était dans ce sens que la jurisprudence, après quelques hésitations, paraissait

vouloir se fixer. La loi du 23 mai 1863 vint enfin couper
court à toutes ces difficultés en tranchant la question par
un texte formel.

L'art. 91 § 1er est ainsi conçu : « Le gage, constitué soit
par un commerçant, soit par un individu non commerçant,
pour un acte de commerce, se constate à l'égard des tiers,
comme à l'égard des parties contractantes, conformément
aux dispositions de l'art. 109 du Code de commerce ». Ainsi
plus de différence entre les parties contractantes et les tiers
en ce qui touche la forme à donner au contrat de gage.
Plus n'est besoin d'acte notarié ou d'acte sous-seing privé
enregistré; dans tous les cas, la preuve du contrat pourra
se faire par les moyens du droit commun et par ceux indiquées par l'art. 109 du Code de commerce. Désormais
l'existence du contrat peut se prouver même à l'égard des
tiers : 1° par actes publics ; 2° par acte sous signature privée ;
3° par bordereau ou arrêté d'un agent de change ou courtier dûment signé par les parties ; 4° par une facture acceptée ; 5° par la correspondance ; 6° par les livres des
parties ; 7° par la preuve testimoniale dans le cas où le
tribunal croira devoir l'admettre ; 8° par les présomptions
des art. 1349 à 1353 du Code civil ; 9° par l'aveu ; 10° par
le serment, de la même façon que les parties pourraient
le faire à l'égard l'une de l'autre. Il n'importe que les
contractants habitent la même place ou qu'ils résident
dans des localités différentes. Sous la législation antérieure
à 1863, la distinction, établie par les art. 93 et 95 au sujet
des avances faites par le commissionnaire, avait été considérée par certains auteurs comme applicable au gage commercial proprement dit. La différence de domicile n'a pas
été réputée par la nouvelle loi être une garantie contre la
fraude. Si elle a pu l'empêcher autrefois, il n'en est plus de
même aujourd'hui où les communications sont si faciles et
si rapides. Aussi le législateur n'a-t-il pas cru devoir maintenir l'ancienne distinction.

Quelles sont les personnes qui pourront user du bénéfice de cette loi? Le texte de l'article ne devait d'abord viser que le gage constitué par un commerçant, sans tenir compte de la commercialité d'un acte fait par un non-commerçant. Mais la commission du Corps législatif s'est élevée contre cette limitation; elle a pensé qu'il convenait de prévenir les controverses auxquelles a donné lieu cette définition que fournit du commerçant l'art. 1er du Code de commerce. Il était en effet facile de prévoir que l'antagonisme existant entre le créancier gagiste et les créanciers purs et simples fournirait de nombreux sujets à des controverses, les tiers ayant intérêt à contester le privilége du créancier gagiste. Pour éviter ces controverses, toujours funestes au commerce, il a paru opportun et d'ailleurs conforme à l'esprit de la nouvelle loi de décider que, toutes les fois que le gage se rattacherait au commerce, aussi bien par la qualité de celui qui le constitue que par l'acte commercial auquel son produit est destiné, il pourrait être constaté conformément aux dispositions de l'art. 109. Sans doute, des contestations pourront se produire; mais le champ en sera bien réduit, puisqu'elles n'auront d'autre objet que de nier que l'argent obtenu sur gage ait été réellement employé à l'opération commerciale pour laquelle il a été prêté.

Mais lorsque le gage est constitué par un non-commerçant au profit d'un commerçant, et en dehors d'un acte de commerce, l'art. 91 ne serait pas applicable; il s'agit alors d'un véritable nantissement civil qui doit tomber sous l'application des art. 2074 et suivants. La commission avait, il est vrai, proposé que les mêmes règles fussent appliquées au cas où le gage était constitué au profit d'un commerçant par un non-commerçant; mais cette proposition fut repoussée par le Conseil d'État, qui répondit que la loi s'occupait simplement du gage commercial, qu'elle ne devait pas toucher au gage civil, et qu'il n'y avait pas lieu de modifier les dispositions du Code civil.

La loi, sans distinction, s'applique à tous les objets mobiliers quels qu'ils soient. Le premier paragraphe comprend aussi bien les droits de créance que les meubles corporels; mais une rédaction, conçue dans des termes d'une généralité aussi vague, n'aurait pas manqué de faire naître une foule de contestations qu'il était bon de prévenir. Aussi, dans les paragraphes suivants, la loi a-t-elle cru devoir s'expliquer formellement sur certains points que nous aurons à examiner. Désormais, la simple tradition suffira pour la constitution du gage sur des titres au porteur, même à l'égard des tiers, puisqu'elle rentre au nombre des modes de disposition autorisés par l'art. 109 du Code de commerce. Il ne peut y avoir à cet égard aucun doute. Avant la loi de 1863, au contraire, la Cour de cassation décidait que le nantissement établi sur les titres au porteur, n'étant pas réglé par le droit commercial, devait tomber sous l'application de l'art. 2075 du Code civil, que par suite la double formalité de l'acte et de la signification était nécessaire. Aujourd'hui, en présence de la nouvelle loi, la Cour de cassation a dû modifier sa jurisprudence. Des arrêts ont été rendus, il est vrai, depuis la loi de 1863 conformément à l'ancienne jurisprudence, qui exigeait pour le nantissement des titres au porteur l'accomplissement des formalités prescrites par les art. 2074 et 2075. Mais ces arrêts avaient à régler des relations antérieures à la loi de 1863, et il va sans dire que cette loi ne pouvait pas leur être appliquée. (Cass., 30 nov. 1864.)

Sous l'empire de l'ancienne loi, de graves dissentiments s'étaient produits à l'occasion d'effets négociables donnés en gage par simple endossement. On avait soutenu, et c'était l'opinion qui avait prévalu, que le gage constitué sur une valeur de cette nature par voie de simple endossement n'était pas valable. Quelques arrêts cependant avaient admis l'opinion contraire et décidaient que l'endossement suffisait sans qu'il fût besoin de recourir aux formalités prescrites par les art. 2074 et suivants du Code civil. Cette opinion

avait été tirée par voie de déduction des termes de l'art. 136
du Code de commerce. Si le simple endossement suffit,
disait-on, pour transférer la propriété d'un titre négociable,
à plus forte raison doit-il suffire pour constituer le gage.
Ce raisonnement n'était que spécieux. A tort, sans doute,
la loi avait cru devoir soumettre la constitution de gage
à des formalités différentes de celles exigées pour la vente,
et le raisonnement que l'on faisait en s'appuyant sur
l'art. 136 était manifestement contraire aux textes des
art. 2074 et suivants, qui étaient spéciaux à la matière
du gage et qui, seuls, devaient être appliqués. En re-
maniant la loi, le législateur, afin de mettre un terme à
cette longue polémique, s'est exprimé formellement sur
ce point, de sorte que tous les doutes doivent aujourd'hui
disparaître.

« Le gage, à l'égard *des valeurs négociables*, dit le deuxième
paragraphe de l'art. 91, peut aussi être établi par un endossement régulier indiquant que les valeurs ont été remises
en garantie. » Le texte est ici aussi général que possible;
en parlant de valeurs négociables, il entend les billets
à ordre, les lettres de change, les warrants, les chèques, etc.,
tous les titres, en un mot, dont la propriété peut se transmettre par endossement. Il faut que l'endossement soit
régulier, c'est-à-dire rédigé conformément aux dispositions
de l'art. 137 qui exige que l'endossement soit daté et qu'il
énonce la valeur fournie et le nom de celui à l'ordre duquel
il est passé. Il va sans dire, quoique l'art. 137 soit muet
sur ce point, qu'il faut également la signature de l'endos-
seur. La loi n'en parle pas parce que la signature est une
condition de l'existence de l'endossement et non de sa
régularité. Seulement comme un simple endossement
laisserait indécise la question de savoir si c'est la propriété
qu'on a voulu transmettre ou une garantie qu'on a voulu
donner, l'endossement, pour valoir nantissement, simplement nantissement, doit exprimer à cet égard la volonté

des parties. C'est ce qu'indique le deuxième paragraphe, en disant qu'il faudra indiquer que les valeurs ont été remises en garantie. La formule pourra être conçue ainsi qu'il suit : « Passé à l'ordre de M....., à titre de garantie de la somme de.... exigible le.... valeur reçue comptant, » et on datera.

Remarquons en passant que c'est là une faculté de plus accordée aux parties, qui peuvent donner des valeurs engagées sans recourir à l'endossement en employant les moyens énoncés dans le premier paragraphe de l'art. 91. Cela résulte, et du texte lui-même, qui dit que le gage des valeurs *négociables* pourra *aussi* être constitué par endossement, et des termes de l'exposé des motifs de la loi de 1863. On pourra donc, dit cet exposé, quand il s'agira de valeurs négociables, tels qu'effets de commerce, lettres de change, billets à ordre, toutes les valeurs en un mot qui se transmettent par l'endossement, prouver qu'un gage a été constitué, non-seulement par tous les moyens ordinaires, mais encore par un endossement régulier.

Après avoir parlé des titres négociables, l'art. 91 s'occupe, dans son troisième paragraphe, des titres nominatifs. « A l'égard des actions, des parts d'intérêt et des obligations nominatives des Sociétés financières, industrielles, commerciales ou civiles dont la transmission s'opère par un transfert sur les registres de la Société, le gage peut également être établi par un transfert à titre de garantie inscrit sur lesdits registres. » Lorsque les actions ou titres de toutes sortes sont nominatives, et que par suite elles ne peuvent être aliénées que par voie de transfert constaté par déclarations inscrites sur un registre spécial et signées du gérant et des parties intéressées, la constitution du gage ne peut évidemment se faire par endossement. Pour accorder au commerce les facilités les plus grandes, la loi a décidé que le nantissement pourrait s'opérer par un simple transfert, sans qu'il fût besoin de recourir à un acte enregistré. Il est bien entendu que, dans ce cas encore, la transmission n'est pas complète; elle n'a d'autre but que d'autoriser le créancier à faire vendre le titre à défaut de paiement. Il est donc nécessaire d'indiquer sur les registres de la compagnie que le transfert n'est fait qu'à titre de nantissement.

L'article nous parle d'actions et de parts d'intérêts; quelle différence faut-il faire entre elles? Une *action* est une fraction d'un capital social dont la valeur est déterminée. Par exemple, une Société se fonde au capital de 300,000 fr. divisés en trois cents parties qui sont des actions de 1,000 fr. chacune. Si, au contraire, on suppose une compagnie exploitant un capital dont la valeur n'est pas déterminée, divisé en plusieurs parties égales, dont on peut posséder une ou plusieurs parties, chacune de ces parties sera une *part d'intérêt*. Ainsi, pour prendre un exemple, la Société des mines d'Anzin possède un capital qui est divisé en vingt-quatre parties appelés *sous*. Chacun de ces sous représente une part d'intérêt dont la valeur varie suivant les époques; elle s'est élevée de 150,000 fr., à 270,000 fr. C'est ce que la Cour de cassation appelle, dans un arrêt en date du 29 mars 1864, parts d'actif social sans aucune expression de capital nominal. Il arrive fréquemment que la transmission de ces parts d'intérêt est soumise par les statuts de la Société à des règles spéciales auxquelles les *parties* doivent se conformer. Si les statuts permettent la transmission de la propriété d'une de ces parts par voie de simple transfert, on pourra également les donner en nantissement par le même procédé.

Dans la réforme importante opérée en 1863, le législateur a maintenu une exception à l'égard de certaines créances mobilières pour lesquelles les anciennes règles du Droit civil devront être observées même en matière commerciale. « Il n'est pas dérogé, dit notre art. 91 *in fine*, aux dispositions de l'art. 2075 du Code civil, en ce qui concerne les créances mobilières dont le cessionnaire ne peut être saisi à l'égard des tiers que par la signification du trans-

port faite au débiteur. » Dans ce cas, les formalités seront
exigées pour que le gage existe à l'égard des tiers, car entre
les parties aucune preuve spéciale n'est exigée. Il faudra
donc qu'en outre de la tradition du titre constatant la
créance et de la rédaction d'un acte authentique ou sous
signature privée enregistré, signification en soit faite au
débiteur de la créance donnée en gage. Sans cette signification, le gage n'aurait qu'une existence très-précaire, puisque le débiteur de la créance engagée pourrait se libérer
valablement entre les mains de son créancier, de telle sorte
que le gagiste perdrait ainsi sa garantie. La loi a donc bien
fait de maintenir cette disposition, peut-être un peu rétro-
grade, comme le dit l'exposé des motifs, mais assurément
sage, indispensable même. D'ailleurs, ces valeurs étant
d'une réalisation incertaine et difficile, le commerce ne
peut être amené à en faire l'objet d'un nantissement que
dans des cas extrêmement rares.

La signification, exigée par l'art. 2075 pour que le gage
produise ses effets à l'égard des tiers, lorsqu'il s'agit de
meubles incorporels, n'a pas besoin d'être faite dès que
l'acte a été passé. Le créancier gagiste a la faculté de remplir cette formalité, tant que les tiers n'auront pas acquis
de droit nouveaux sur cette créance. Si, après avoir engagé
sa créance à un tiers qui n'a pas fait la signification, *Primus,*
usant de mauvaise foi, la cédait à un autre tiers, ce qui est
possible puisque la cession peut être valable sans la remise
du titre, le cessionnaire qui aurait signifié la cession au
débiteur cédé pourrait repousser le créancier gagiste qui
aurait reçu la créance antérieurement à lui, mais aurait
négligé de remplir les conditions de la loi. (Cass., 13 janvier 1845.) Il en serait de même si, avant la signification,
une saisie-arrêt venait à être pratiquée sur la créance
donnée en gage; le créancier gagiste ne pourrait plus faire
utilement la signification.

Le créancier gagiste serait-il déchu de son droit de faire

signifier, si celui qui a donné la créance en gage venait à être déclaré en état de cessation de paiement? Il faut supposer, pour que la question puisse naître, qu'il s'agit d'un gage garantissant une créance contractée avant la cessation de paiement. Si la créance avait été contractée et le gage constitué depuis, il est évident que la signification pourrait être faite suivant la distinction établie par l'art. 446 du Code de commerce. Ce point a été très-vivement contesté. Certains auteurs ont soutenu que le nantissement existait avant que la signification ait été opérée, que cette formalité était principalement dans l'intérêt de celui qui recevait la créance, afin d'éviter que le paiement ne puisse être fait entre les mains d'un tiers; que, par conséquent, l'art. 448 du Code de commerce ne devait pas être appliqué, et que la signification pouvait se faire après la cessation de paiement, tout comme l'inscription de l'hypothèque. Mais cette opinion, selon nous, ne doit pas être admise. Lorsqu'il s'agit de meubles incorporels ou de créances mobilières, le privilége ne s'établit sur le nantissement que par la signification de l'acte au débiteur de la créance donnée en gage. La signification est une formalité essentielle, sans laquelle il n'y a pas de privilége. Tant qu'elle n'a pas été faite, l'acte de nantissement n'est pas seulement incomplet; mais encore, à l'égard des tiers, il n'a aucune existence légale. Si donc il s'agit de garantir une dette antérieure à la cessation de paiement, le gage, ayant pour objet une créance, sera réputé nul à l'égard de la masse des créanciers, alors même qu'il aurait été constitué avant la cessation de paiement, si la signification n'a pas été faite avant cette époque. Il en serait autrement si la dette garantie était née après la cessation de paiement, s'il s'agissait, par exemple, d'un prêt fait sur nantissement de créance. Dans ce cas, aux termes mêmes de l'art. 446 du Code de commerce, la signification pourrait être réputée valable et produire tous ses effets.

Les effets de commerce donnés en gage seront récouvrables par le créancier gagiste. La loi a tenu à s'en expliquer clairement pour faire disparaître les controverses qui s'étaient produites autrefois à ce sujet. On avait soutenu que, le gage étant un véritable dépôt entre les mains du créancier gagiste, celui-ci ne pouvait, sans excéder ses droits, toucher le montant de la créance engagée. Il pouvait, il est vrai, toucher les intérêts, mais sans qu'il lui fût permis de recevoir le capital. Le texte de la loi empêche qu'aucune contestation puisse se produire sur ce point; il fait disparaître aussi la crainte, qu'auraient pu éprouver les débiteurs des créances engagées en payant entre les mains du gagiste, d'être obligés de payer deux fois, si le premier payement venait à être considéré comme non valable.

La loi de 1863, en modifiant le système des preuves à fournir et des formalités à remplir en matière de constitution de gage, n'a pas fait disparaître la condition à laquelle est subordonnée l'existence du gage, la tradition. Le contrat de gage est un contrat réel, la tradition de l'objet est de son essence, il ne peut exister sans elle. L'art. 92 nouveau ne fait que reproduire le principe consacré par la législation civile et auquel il n'y a aucune espèce de raison de déroger en faveur du commerce.

La condition fondamentale du gage, c'est que l'objet donné en nantissement soit sorti de la possession du débiteur pour entrer dans celle du créancier : telle est la règle que pose d'une manière expresse le § Ier du nouvel art. 92, en empruntant la rédaction même de l'art. 2076 du Code civil, qu'il reproduit identiquement. Mais, quelque fondamentale que soit la règle de l'art. 2076, les auteurs du projet de loi n'auraient sans doute pas songé à la reproduire, si la pratique n'avait soulevé, au sujet de l'interprétation de cette disposition, quelques difficultés sur lesquelles il était nécessaire de donner une solution précise et définitive. On aurait sans doute évité de reproduire l'art. 2076 dans la loi nouvelle, parce qu'il doit être bien entendu que les principes du Code civil, en matière de nantissement, sont applicables au nantissement commercial, toutes les fois qu'il n'y est pas dérogé par une loi spéciale. Mais des doutes s'étaient élevés à l'occasion de la condition imposée par l'art. 2076, touchant la mise en possession du créancier. L'ancien art. 93 voulait, pour que le privilége fût acquis au commissionnaire pour ses avances, que la marchandise fût à sa disposition dans ses magasins ou dans un dépôt public. On avait argumenté de ces expressions pour contester le privilége, quand la marchandise était déposée, par exemple dans un navire, ou que le commissionnaire en était saisi par un transfert en douane. La loi tranche ces questions, et elle le fait dans le sens le plus large. De plus, ainsi que le dit le rapporteur lui-même de la loi, il était bon de mettre ces principes en regard de la possession fictive ou de convention dont on est bien obligé de se contenter quand il s'agit de marchandises volumineuses ou encombrantes, dont le déplacement pourrait présenter des difficultés matérielles sérieuses en même temps que des frais onéreux.

La mise en possession étant indispensable à l'existence du gage, il en résulte que toutes les choses, qui par leur nature se refuseront à cette remise, ne pourront être données en nantissement.

Cette possession que la loi exige doit être réelle, c'est-à-dire qu'il faut que l'objet ait été mis et soit resté entre les mains ou à la disposition du créancier gagiste. Le constitut possessoire, d'après lequel le possesseur déclarait posséder au nom et pour le compte de son créancier, ne saurait être admis. En l'autorisant, on aurait ouvert une porte à la fraude.

Examinons les caractères de cette possession et les difficultés qui peuvent se présenter dans l'application. Il est important de distinguer les meubles corporels des meubles incorporels, dont la possession ne peut être évidemment de même nature. Les navires aussi doivent, à raison de leur nature spéciale, être soumis à des règles particulières.

Pour les meubles corporels, pas ou peu de difficultés ; le texte de la loi est des plus clairs : « Le créancier est réputé avoir les marchandises en sa possession, lorsqu'elles sont à sa disposition, dans ses magasins ou navires, à la douane, ou dans un dépôt public, ou si, avant qu'elles soient arrivées, il en est saisi par un connaissement ou par une lettre de voiture. » Il y a même lieu de se montrer assez large dans l'application, l'énumération de la loi n'étant pas limitative. Toutes les diverses espèces de traditions, analysées avec tant de soin par les anciens jurisconsultes, devraient être admises : la tradition symbolique qui s'opère par la remise des clés du magasin où sont renfermés les objets la tradition *brevi manu* qui est une simple fiction, elle s'opère lorsque la chose était déjà entre les mains du détenteur, mais à un autre titre. La remise des clés d'un magasin, où sont déposées les marchandises données en gage, satisfait au vœu de la loi, alors même que le débiteur se serait obligé à donner à la chose engagée, par exemple des pièces de vin, les soins nécessaires à leur conservation, et que, pour faciliter ces soins qu'explique la nature de l'objet donné en gage, les clés auraient été quelquefois remises au débiteur. Il suffit que ces vins aient été déposés dans des celliers distincts de ceux du débiteur que le créancier avait loué, exprès et dont il a eu les clés. (Paris, 7 août 1841 ; req., 11 août 1842). Cette décision est parfaitement exacte et parfaitement juridique. Il est évident que le but de la loi est atteint, puisque les moyens de fraude sont écartés. Mais il n'en serait pas de même, si les vins, donnés en gage au créancier, étaient restés confondus avec ceux qui avaient continué d'appartenir en propre au débiteur. Dans ce cas, les tiers pourraient facilement être induits en erreur, l'absence d'un signe suffisant de dépossession ne leur ayant pas permis de supposer que l'objet

6

donné en gage avait cessé d'être à la disposition libre du débiteur. (Paris, 26 mars 1841.)

On contestait autrefois que le transfert en douane pût être considéré comme une mise en possession suffisante pour servir à constituer le contrat de gage. On disait que le transfert n'avait d'autre effet que de désigner celui qui était responsable de l'acquittement des droits de douane, et qu'il était plutôt un signe de propriété que de possession. Mais aujourd'hui la loi décide que le créancier est réputé avoir les choses en sa possession, lorsqu'elles sont sous son nom à la douane.

La remise entre les mains du créancier gagiste de l'objet donné en gage est nécessaire, tout aussi bien lorsqu'il s'agit d'un meuble incorporel que lorsqu'il s'agit d'une chose mobilière ordinaire; seulement comme il n'est pas possible dans ce cas de remettre la chose elle-même, on remet le titre qui est la représentation de la chose. Il y a évidemment les mêmes raisons d'exiger la remise dans les deux cas. Si le débiteur conservait les titres ne pourrait-il pas s'en servir pour commettre des fraudes? Une conséquence naturelle qui en découle, c'est que les créances qui ne pourront être établies à l'aide d'un titre ne seront pas susceptibles d'être données en gage. Par exemple, l'action en répétition des impenses faites par le mari aux immeubles de la femme, ne constituant qu'une créance sans titre, ne saurait faire l'objet d'un contrat de nantissement. (Lyon, 31 janvier 1839; Paris, 31 août 1861.)

Les navires, avons-nous dit, peuvent être donnés en nantissement; mais ils sont soumis alors à des règles particulières qui découlent de leur propre nature. Il est facile de comprendre que le débiteur qui veut donner son navire en gage ne peut pas en abandonner la possession sans éprouver un grand dommage. Le navire doit naviguer sans interruption sous peine de faire éprouver des pertes considérables à son propriétaire. La loi néanmoins n'a pas édicté des règles spéciales pour les navires; la pratique a dû chercher à tourner cet obstacle. Elle y est parvenue; mais les voies suivies étant tout à fait en dehors des dispositions de la loi, il en résulte souvent des procès. Aussi il y a-t-il lieu de regretter que le législateur ne se soit pas prononcé sur ce point. A défaut de système légal, il faut étudier et discuter les procédés de la pratique et des jurisconsultes.

Pour tourner la difficulté, Pardessus propose le système suivant : le créancier doit se faire remettre par le débiteur les pièces qui constatent la propriété et qui représentent entre ses mains le navire que la nature des choses et l'intérêt commun exigent de laisser voyager. Le créancier se trouve alors en quelque sorte dans la même situation que s'il avait reçu en gage une créance dont le titre seul peut lui être délivré. Détenteur de ces pièces sans lesquelles on ne peut valablement faire la vente d'un navire, il requerra l'énonciation de son acte de nantissement sur les registres d'inscription maritime, et fera opposition à ce qu'on délivre à son préjudice des passeports à un acquéreur qui aurait acheté le navire du débiteur, par qui il a été donné en gage. (Pardessus, t. IV, p. 406.) — Malheureusement ce système soulève des objections graves. Comment en effet livrer les titres de propriété du navire? L'art. 226 exige que ces pièces restent sur le navire comme pièces de bord. Mais admettant qu'on passe outre à cette difficulté, on ne tardera pas à être arrêté par une autre. S'il est vrai, en effet, qu'en faisant opposition à la délivrance des passeports à un acquéreur du navire, le créancier gagiste empêcherait le paiement du prix à son préjudice, on n'indique pas en vertu de quoi le créancier pourra invoquer un privilége vis-à-vis de ses co-créanciers.

Dans son remarquable traité de Droit maritime, M. Dufour propose d'opérer la mention de l'acte de nantissement sur les registres de la douane qui conserve, dans ses archives, tout ce qui concerne la propriété des navires. Par ce procédé, on obtient absolument le résultat que vise la loi en exigeant la tradition. Les personnes prudentes, qui voudront traiter de la propriété des navires, ne manqueront pas, avant de ne rien faire, de consulter les registres de la douane. Négliger cette précaution serait agir avec une inexcusable légèreté. Lorsqu'une chose n'est pas susceptible d'appréhension corporelle, elle est représentée par tous les titres qui concernent ou manifestent le droit du propriétaire. Pour les navires, c'est le registre de la douane qui remplit cette fonction à l'égard des tiers. (Mars., 30 mai 1855.)

Mais le plus souvent, dans la pratique, le nantissement s'opère à l'aide d'une vente simulée. Le débiteur vend à son créancier son navire, une contre-lettre intervient entre eux rétablissant le véritable caractère du contrat. Cette vente doit évidemment, à peine de nullité, être transcrite sur l'acte de francisation.

La remise entre les mains du créancier de la police d'assurance ne saurait opérer le nantissement du navire. Il faut, en matière de nantissement, une tradition corporelle, à laquelle ne saurait être assimilée la remise de la police. La police, en effet, n'est pas la représentation du navire; elle est tout à fait indépendante de celui-ci, et pourrait à elle seule être donnée en nantissement; le créancier, qui l'aurait reçue à ce titre, pourrait en cas de sinistre toucher le montant de l'indemnité. (Aix, 7 mai 1860.)

La Cour de cassation a consacré la validité du nantissement constitué sur les navires à l'aide d'une vente simulée, et la jurisprudence proclame que cette vente fictive est le seul mode de possession. (Cass., 2 juillet 1856; Rennes, 29 décembre 1849.) Mais ce procédé n'est pas sans présenter de graves inconvénients, quelquefois même de véritables dangers pour le créancier ainsi nanti. Les meubles ordinaires n'ont pas de suite par hypothèque, c'est-à-dire que le privilége, que peut avoir un créancier sur les meubles de son débiteur, n'existe que tout autant que le meuble reste entre les mains de ce dernier. Sitôt que le meuble passe entre les mains des tiers, le privilége s'évanouit, et le meuble ne peut plus être saisi. Il n'en est pas de même pour les navires : la loi les déclare meubles, mais elle a admis exceptionnellement qu'ils seraient soumis au droit de suite au profit de tout créancier même chirographaire. (Code de commerce, art. 190.) Ce droit de suite pourra s'exercer, à l'égard des tiers tant qu'il n'aura pas été purgé par l'un des deux moyens indiqués dans l'art. 193. On voit de suite les conséquences qui résultent de cette particularité. Lorsqu'un navire est donné en gage à l'aide d'une vente fictive, si le débiteur est déjà grevé de dettes privilégiées sur ce navire, les créanciers privilégiés pourront poursuivre ses biens jusque dans les mains du gagiste lui-même, et l'obliger de payer le prix entre leurs mains. Le créancier gagiste se trouvera dans cette singulière situation que sa créance sera inférieure de qualité à celle des autres créanciers, puisqu'il ne pourra même pas concourir avec eux pour toucher sa part contributive lorsqu'il y aura insuffisance. En vain, voudrait-il exciper de sa contre-lettre, elle n'existe pas pour les tiers aux termes de l'art. 1321 du Code civil. Il n'y a pour les tiers qu'un contrat de vente qui, à leur égard, est réputé valable, et qui, de même qu'il peut leur être opposé, peut également leur servir contre l'acquéreur apparent. De cette simulation de vente peuvent encore résulter bien d'autres conséquences fâcheuses; aussi doit-on regretter vivement que, dans l'intérêt du commerce, le législateur n'ait pas cru devoir indiquer les formalités à suivre en cas de nantissement nautique. Il y a là une lacune grave qu'il importerait de combler au plus tôt.

Que faudra-t-il décider, si un contrat de gage vient à être constitué sous la forme d'un contrat à réméré? *Primus*, désirant emprunter une somme d'argent, livre un objet mobilier quelconque à titre de vente à son prêteur, mais en stipulant la faculté de rachat. Dans ce cas, si, dans le délai déterminé par le contrat, l'emprunteur ne paie pas sa dette, la chose engagée demeurera définitivement acquise au prêteur. Ce contrat doit-il être réputé valable, ou bien doit-on le déclarer nul comme constituant un prêt sur gage avec pacte commissoire? Il est facile de s'apercevoir que l'analogie est ici plus apparente que réelle. Sans doute, il pourra bien arriver que la chose reste définitivement acquise au prêteur, si le rachat n'est pas effectué dans le délai imparti par le contrat : ce qui constitue un véritable danger pour le vendeur à réméré, s'il a consenti la vente à un prix inférieur à la valeur de l'objet; mais c'est une conséquence inévitable des contrats de vente à réméré, conséquence que le législateur est impuissant à prévenir. Il y a dans ce contrat une différence capitale avec le contrat de gage. Si l'acheteur à réméré n'est pas remboursé dans les délais, il n'aura pas, comme dans le gage, la faculté de faire vendre la chose au nom et pour le compte du vendeur. Si la chose se détériore par cas fortuit, ce pourra être pour le compte de l'acquéreur, puisque le vendeur, s'il y a intérêt, renoncera à la faculté de rachat. Ainsi, dans le cas de vente à réméré, l'acquéreur court un risque auquel ne serait pas exposé le créancier gagiste véritable.

Un procédé très-commode dont on use fréquemment dans le commerce pour emprunter avec nantissement, c'est le report. Le report consiste à acheter au comptant un titre quelconque et à le revendre aussitôt à terme. Cette opération constitue un véritable prêt sur nantissement. Celui qui veut emprunter remet à son prêteur ses titres et en reçoit l'argent; seulement le prêteur, revendant aussitôt, s'oblige à remettre le titre, s'il est remboursé dans le délai déterminé. L'argent, représentant la valeur du titre, reste disponible entre les mains du vendeur au comptant, jusqu'à l'échéance du terme où il devra payer le prix de la vente à terme. Avant la loi de 1863, on se demandait, et la jurisprudence n'avait pas été fixée sur ce point, si le nantissement, ainsi déguisé sous forme de report, était soumis aux formes prescrites par l'art. 2074 du Code civil, qui étaient alors exigées en matière commerciale. Aujourd'hui la question ne peut plus se poser, puisque la preuve du contrat de nantissement peut se faire, en matière commerciale, par toute espèce de moyens.

V

DES EFFETS DE LA CONSTITUTION DE GAGE ENTRE LES PARTIES ET A L'ÉGARD DES TIERS

Pour le débiteur, la constitution de gage a pour conséquence de lui faire perdre la possession de l'objet engagé; mais il conserve la propriété de la chose et tous les droits qui en résultent. Ainsi c'est pour lui qu'ont lieu les accroissements de valeur; c'est aussi lui qui supporte les déperditions, lorsqu'elles sont produites par cas fortuit. Le débiteur, restant propriétaire de l'objet engagé, peut en opérer la vente; c'est de ce droit dont on a tiré une si grande utilité pratique dans la théorie des warrants.

Le débiteur conserve tellement tous ses droits sur la chose qu'après l'avoir engagée à un de ses créanciers, il pourrait ensuite, pendant la durée du premier nantissement, l'engager à un autre. Supposons que la mise en possession du premier créancier gagiste ait été faite à l'aide de la délivrance des clés du magasin où les objets étaient enfermés; si le débiteur remet de nouvelles clés entre les mains d'un autre créancier à l'effet de constituer un autre contrat de nantissement sur la même chose, ce nouveau contrat sera valable. En effet, il renferme toutes les conditions exigées pour la validité. C'est ce qu'a décidé la cour d'Aix par un arrêt en date du 21 février 1840, en accordant toutefois au premier créancier nanti le droit de prélever d'abord sur le prix la totalité de sa créance.

En concédant un gage à son créancier, le débiteur contracte par cela même l'engagement éventuel de rembourser toutes les dépenses qui seront faites dans l'intérêt de la conservation de la chose. C'est là une règle d'équité que le législateur a cru devoir néanmoins consacrer par un texte formel (art. 2080).

A l'égard du créancier gagiste, le contrat produit trois effets principaux : un droit de rétention, le droit de faire vendre la chose à défaut de paiement à l'échéance, et enfin un privilége sur le prix opposable aux autres créanciers.

Le droit de rétention est le droit en vertu duquel le détenteur d'une chose est autorisé à la retenir en sa possession jusqu'au paiement intégral de la créance que cette chose garantit. Ce droit est consacré par l'art. 2082 du Code civil, d'après lequel le débiteur ne peut, à moins que le détenteur du gage n'en abuse, en réclamer la restitution qu'après avoir payé, en principal, intérêts et frais, la dette pour sûreté de laquelle le gage a été donné. Ainsi le créancier pourra conserver la chose, quelle qu'en soit la valeur, tant qu'il n'aura pas reçu la totalité de ce qui lui est dû. Ce droit de rétention n'existe et ne peut être invoqué qu'à l'encontre du débiteur lui-même, il ne saurait être opposable aux créanciers du débiteur. Ceux-ci, munis d'un titre exécutoire, pourront saisir la chose entre les mains

du gagiste qui n'aura pas le droit de s'opposer à là vente; il
aura simplement un privilége sur le prix en provenant. Certains auteurs avaient cru devoir contester cette opinion; mais
elle a été consacrée, et avec raison selon nous, par un arrêt
de la Cour de cassation en date du 3 juillet 1834. Cette décision est très-équitable et parfaitement juridique. Le droit
de rétention consiste à repousser les prétentions du débiteur à l'aide de l'exception de dol, or il est bien évident que
cette exception ne saurait être opposable aux créanciers du
débiteur.

S'il existait de la part du même débiteur envers le même
créancier une autre dette contractée postérieurement à la
mise en gage et devenue exigible avant le paiement de la
première dette garantie, le créancier ne pourrait être tenu
de se dessaisir du gage, avant d'avoir été payé de l'une et
de l'autre dette, lors même qu'il n'y aurait eu aucune
stipulation pour affecter le gage au paiement de la seconde
(art. 2082). Il y a là en quelque sorte un contrat de gage tacite. La nature de ce droit, accordé au gagiste par l'art. 2082
pour la garantie des dettes postérieures à la constitution
du gage, a soulevé des controverses. On s'est demandé si
ce droit était un véritable gage avec tous ses effets, ou s'il
ne comprenait que le droit de rétention. Si c'était un véritable gage, le créancier pourrait, non-seulement retenir la
chose, mais encore la faire vendre, et de plus se prévaloir
du privilége du gagiste vis-à-vis des autres créanciers pour
se faire payer par préférence à eux sur le prix de l'objet. Il
semble très-naturel d'admettre que le législateur a voulu
assimiler absolument la seconde dette à la première et la
couvrir absolument des mêmes garanties. C'est ce qui ressort des termes mêmes de l'art. 2082 et surtout de l'examen
des travaux préparatoires du Code. « Observons, disait le
tribun Gary, qu'il s'agit ici d'une dette contractée postérieurement à la mise en gage pour sûreté de la première.
En exigeant ce gage le créancier a montré qu'il ne se confiait

pas à la personne du débiteur, et la sûreté qu'il a prise une fois, il est censé l'avoir conservée pour la garantie de sa seconde créance. » Cette controverse perd d'ailleurs de son importance en matière commerciale, aujourd'hui que la loi de 1863 a fait disparaître les formalités prescrites en matière de gage civil, en n'exigeant plus que la volonté des parties jointe à la possession. La présomption, d'après laquelle le créancier n'aurait avancé les nouvelles sommes qu'avec la pensée d'être garanti par le gage antérieur, doit être réputée suffisante pour que le gage soit constitué complétement.

La loi admet une exception remarquable au principe que le droit de rétention ne prend fin que lorsque la dette a été acquittée; il n'en est pas ainsi lorsque le créancier détenteur du gage en abuse. Ce n'est autre chose qu'une application des principes généraux du Droit en matière d'obligation. La clause résolutoire est toujours sous-entendue dans les contrats, quand l'une des parties ne satisfait pas à ses engagements. Or, en recevant le gage, le créancier s'engage tacitement à veiller à la conservation de la chose (art. 2080).

Quelle est l'étendue de la responsabilité du créancier gagiste? La loi n'a pas établi de règles spéciales sur ce point, et renvoie aux principes généraux réglant la matière des contrats ou obligations conventionnelles. Il est évident que le créancier doit apporter à la conservation de la chose engagée, les soins d'un bon père de famille. L'art. 1137 du Code civil, auquel nous renvoie le Code de commerce, pose comme principe que l'obligation de veiller à la conservation de la chose, soit que la convention n'ait pour objet que l'utilité de l'une des parties, soit qu'elle ait pour objet leur utilité commune, soumet celui qui en est chargé à y apporter tous les soins d'un bon père de famille. Puis la loi ajoute que cette obligation est plus ou moins étendue relativement à certains contrats dont les effets à cet égard sont expliqués

sous les titres qui les concernent. Aucun degré de responsabilité n'est fixé par notre art. 2080; quelle sera donc
l'étendue de cette obligation en matière de gage? L'art. 1992
du Code civil nous montre qu'en Droit français les parties
sont tenues plus ou moins rigoureusement, selon que la
convention est dans l'intérêt d'une seule ou de toutes les
deux; il nous autorise donc à penser que, lorsqu'il s'agira
de juger la portée de la responsabilité, les tribunaux auront
à examiner les cas prévus par l'art. 1992. Ainsi, dans le
contrat de gage, la convention a lieu dans l'intérêt des
deux parties; le créancier sera plus tenu que dans le
contrat de dépôt qui intervient dans l'intérêt d'une seule
partie, et moins que dans le commodat où tout l'avantage
est pour celui qui détient la chose. Quoique l'appréciation
de la responsabilité dépende beaucoup des circonstances,
on peut dire néanmoins que le créancier gagiste sera tenu de
répondre des fautes qui pourraient être imputées au dépositaire salarié ou au mandataire, qui se trouverait dans le
même cas. Ainsi par exemple, lorsqu'un effet de commerce
a été donné en gage par voie d'endossement, le gagiste devra en opérer le recouvrement ou faire protester en temps
utile. Si, à défaut de protêt, la créance est mise en péril,
la responsabilité incombera tout entière au gagiste. En
transmettant la créance à titre de nantissement, le titulaire
de la créance n'en a pas sans doute transféré la propriété,
mais il est censé avoir donné mandat de la recouvrer. Cela
résulte des règles particulières aux effets de commerce et aux
valeurs négociables par voie de l'endossement, et aussi des
termes du nouvel art. 91 *in fine,* qui déclare que les effets de
commerce donnés en gage sont recouvrables par le créancier
gagiste. La Cour de cassation, dans un arrêt du 26 juin 1866,
semble avoir consacré une opinion contraire, mais il n'en
est rien. Dans le cas sur lequel la Cour avait à statuer, il
ne s'agissait pas d'un véritable gage; les circonstances spéciales dont le contrat était entouré en faisaient plutôt un

dépôt, et d'ailleurs l'effet non recouvré n'avait pas été endossé. C'est ce qui a déterminé la décision de la Cour.

A défaut de paiement à l'échéance, le créancier pourra, s'il ne veut pas se contenter de son droit de rétention, faire vendre la chose, afin de se payer sur le prix. Cette faculté est de l'essence du contrat de gage, et, par suite, est comprise dans le contrat, sans que les parties aient pris la peine de le formuler. Certains auteurs sont allés plus loin, et ont soutenu que le droit de vente était tellement inhérent au contrat de gage que la stipulation formelle, intervenue entre les parties pour prohiber la vente, devrait être considérée comme non avenue. En vain objecte-t-on la liberté des conventions; ces auteurs répondent que les parties ne peuvent pas aller contre la nature des choses. Un contrat de gage, dépourvu de la faculté de vente, n'aurait plus aucune efficacité et ne serait plus un gage. Cette opinion nous paraît excessive. Aucune disposition de loi ne prohibe une semblable clause. Elle défend bien au créancier gagiste de s'approprier le gage ou de le faire vendre en dehors des formalités déterminées; mais, en agissant ainsi, elle prend en considération la situation du débiteur et veut le défendre contre sa propre faiblesse. Il n'en est plus ainsi quand il s'agit du créancier; celui-ci pourrait, en effet, prêter sans aucune garantie; et il lui serait interdit de prêter en recevant des garanties, lorsqu'elles sont moindres que celles qui résultent du contrat de gage! S'il lui convient de se contenter d'un droit de rétention pur et simple, quel principe d'ordre public pourrait-on invoquer pour l'en empêcher? Que l'on dise que, dans ce cas, il n'y a pas un véritable contrat de gage, que c'est un contrat *sui generis*, on peut l'admettre; mais rien n'autorise à en contester la validité.

Le gagiste, qui veut faire vendre la chose engagée, doit nécessairement se conformer aux prescriptions de la loi qui a cru nécessaire d'imposer des règles, afin de sauvegarder les intérêts du débiteur. Dans notre ancien Droit français, le créancier ne pouvait faire vendre la chose avant d'avoir, par un commandement, mis le débiteur en demeure de payer. Si cette mise en demeure restait sans résultat, il devait appeler son débiteur en justice, à l'effet d'obtenir une sentence déclarant qu'à défaut de paiement dans un nouveau délai imparti dans la même sentence, il lui sera permis, sans autre jugement, de vendre le gage. La vente devait en outre être faite par ministère d'huissier et suivant les formalités prescrites par l'ordonnance de 1667. Les parties pouvaient, il est vrai, par une convention, se soustraire à ces exigences. Le Code civil reprit le système de l'ancien Droit; mais il l'aggrava encore, en déclarant que toute clause, autorisant le créancier à disposer du gage sans les formalités voulues par la loi, serait radicalement nulle.

Ces formalités prises dans l'intérêt du débiteur allaient à l'encontre du but qu'elles se proposaient d'atteindre; en rendant la réalisation du gage difficile, elles écartaient ceux qui auraient été disposés à prêter. Ce résultat se produisait surtout en matière commerciale, les négociants à raison de leurs habitudes et de leurs besoins s'accommodant mal des longs délais et des procédures compliquées. Aussi, dès 1836, avait-on cru devoir renoncer en faveur de la Banque à ces formalités rigoureuses. L'art. 5 de l'Ordonnance du 15 juin 1836 autorisait la Banque, faute par l'emprunteur de satisfaire à son engagement, à faire vendre à la Bourse, par le ministère d'un agent de change, tout ou partie des effets qui lui auront été transférés, savoir : 1° à défaut de couverture, trois jours après une simple mise en demeure par acte extrajudiciaire; 2° à défaut de remboursement, dès le lendemain de l'échéance, sans qu'il soit besoin de mise en demeure ni d'aucune autre formalité. Des faveurs analogues furent accordées aux comptoirs et sous-comptoirs d'escompte par les décrets du 24 mars et du 23 août 1848. Enfin, une loi du 19 juin 1857 étendit à la Société du Cré-

dit foncier de France le bénéfice qui avait été accordé à la Banque par l'Ordonnance de 1836.

Ces diverses réformes partielles produisirent les meilleurs effets, et furent très-favorables au commerce ; et en 1803, lorsqu'on modifia les règles relatives au gage commercial, le législateur conçut la pensée de les généraliser. Voici en quels termes s'exprime sur ce point l'exposé des motifs de la loi : « Le commerce et l'industrie ont besoin de capitaux à bon marché : le prêt sur nantissement devrait être un des moyens les plus économiques de s'en procurer, puisqu'il confère un privilége au prêteur sur une valeur certaine. Toutefois, le capitaliste hésite ou se fait payer plus cher, parce que dans l'état de la législation il n'est pas assuré de rentrer dans ses fonds au moment marqué par le contrat ; son remboursement peut être ajournée par l'esprit de chicane et les lenteurs d'un procès. En fait, il résulte des renseignements recueillis dans l'instruction de la loi que les banquiers les mieux famés et les établissements de crédit qui ne jouissent pas des avantages exceptionnels conférés à la Banque, au Crédit foncier et aux comptoirs se refusent aux opérations de prêt sur gage, en grande partie à cause des embarras et des frais qu'entraîne pour la réalisation du gage l'obligation de recourir à l'autorisation de justice. »

Ces raisons furent prises en considération, et la réforme s'opéra dans ce sens. Toutefois, on ne reproduisit pas absolument les dispositions de l'Ordonnance de 1836. La loi de 1863 est moins favorable ; la vente ne peut être faite qu'après une signification au débiteur, signification suivie d'un délai de huit jours.

« A défaut de paiement, dit l'art. 93, le créancier peut, huit jours après une simple signification faite au débiteur et au tiers bailleur de gage s'il y en a un, faire procéder à la vente publique des objets donnés en gage. Les ventes, autres que celles dont les agents de change peuvent seuls être chargés, sont faites par le ministère des courtiers. Toutefois, sur la requête des parties, le Président du Tribunal de commerce peut désigner pour y procéder une autre classe d'officiers publics. Dans ce cas, l'officier public, quel qu'il soit, chargé de la vente est soumis aux dispositions qui régissent les courtiers relativement aux formes, aux tarifs et à la responsabilité. Les dispositions des art. 2 à 7 inclusivement de la loi du 28 mai 1858 sur les ventes publiques sont applicables aux ventes prévues par le paragraphe précédent. Toute clause, qui autoriserait le créancier à s'approprier le gage ou à en disposer sans les formalités ci-dessus prescrites, est nulle. » Les objets donnés en gage deviennent, grâce à cet article, d'une réalisation facile, rapide et peu coûteuse, sans que les intérêts du débiteur soient en rien compromis. Elle est facile et rapide, puisque les formalités judiciaires, à l'accomplissement desquelles la vente était subordonnée et qui entraînaient une perte de temps souvent irréparable, sont supprimées. Une simple sommation au débiteur et au tiers gagiste, dans le cas où il y en aura un, suffira désormais, après quoi, huit jours après, la vente pourra être opérée. Cette signification sera bien suffisante, le débiteur ne pourra être dépouillé à son insu par une vente clandestine, et les huit jours qui lui sont accordés lui laisseront assez de temps pour trouver les capitaux nécessaires pour désintéresser son créancier.

Le législateur s'est efforcé, autant que possible, de réduire les frais de vente. A cet effet, il en a chargé les courtiers de commerce qui devront y procéder toutes les fois que cela sera possible. Dans les autres cas, on aura recours à un autre officier public; mais alors la vente n'en sera pas plus onéreuse, l'officier public devant être alors soumis aux mêmes formes et aux mêmes tarifs que les courtiers. Avant la loi de 1863, ces ventes étaient réglées par la procédure indiquée par les art. 617 et suivants du Code de procédure, et, par suite, on ne pouvait recourir aux courtiers que lorsqu'il s'agissait de marchandises; pour tous les autres objets, les autres officiers publics, commissaires-priseurs, huissiers, avaient seuls le droit de procéder à la vente. Dans ce dernier cas, les frais étaient bien plus considérables, puisque, tandis que les droits des commissaires-priseurs sont de six pour cent, ceux des courtiers ne sont que de un ou de un et demi pour cent. Il y avait donc avantage à décider que, dans tous les cas, la vente serait faite par des courtiers, et assimiler aux courtiers les autres officiers publics, quand il serait nécessaire de recourir à eux. Un autre inconvénient non moins grave se produisait sous l'empire de l'ancienne loi : les contestations, qui naissaient à l'occasion des ventes opérées par les courtiers, devaient être portées devant le Tribunal de commerce; celles, au contraire, provoquées à l'occasion des ventes faites par les autres officiers publics, étaient de la compétence des Tribunaux civils. Ce résultat n'est plus possible depuis la nouvelle loi. Toutes les contestations nées à l'occasion de la vente, quel que soit l'officier qui y ait procédé, devront être portées devant le Tribunal de commerce, qui est compétent pour les vider. Cela ressort implicitement des termes de la loi et est très-nettement indiqué dans l'exposé des motifs.

Les plus grandes facilités ont donc été accordées au créancier pour la vente des objets remis entre ses mains; mais, d'autre part, tout autre moyen de rentrer dans le montant de sa créance lui est refusé. Toute clause, qui autoriserait le créancier à s'approprier le gage ou à en disposer sans les formalités ci-dessus, est nulle, dit la fin de l'art. 93. Ainsi se trouve écartée la faculté accordée par le Droit civil au créancier, qui était autorisé, s'il n'aimait mieux faire vendre le gage, à faire ordonner en justice que l'objet lui demeurera en paiement jusqu'à due concurrence d'après estimation faite par expert. (Art. 2078 du Code civil.) Les termes généraux de l'article cité plus haut ont manifestement supprimé cette faculté. D'ailleurs, en présence des facilités extrêmes accordées pour arriver à la vente; le créancier aurait bien rarement un intérêt sérieux à recourir à ce moyen. Le même texte de loi prohibe d'une façon expresse le pacte commissoire, par lequel il est stipulé que, si le débiteur ne paie pas à l'échance, l'objet donné en gage sera et demeurera acquis au créancier. Cette clause si dangereuse pour le débiteur avait été prohibée par le Droit romain et par notre Droit civil; mais des auteurs avaient soutenu, un arrêt même avait décidé que le pacte commissoire n'était pas interdit en matière commerciale. Cette opinion, qui d'ailleurs n'avait pas prévalu, devient insoutenable aujourd'hui en présence des termes précis de notre article.

Il nous reste à étudier le dernier effet du gage, à savoir son effet à l'égard des tiers. Lorsqu'il réunit toutes les conditions requises par la loi, il confère au créancier le droit de se faire payer sur la chose qui en est l'objet par privilége et préférence aux autres créanciers. Le créancier peut lui-même requérir la vente, et alors s'attribuer le montant du prix jusqu'à concurrence de sa créance. Il peut arriver, comme nous l'avons indiqué plus haut, que la vente soit poursuivie par un autre créancier de celui à qui la chose appartient. A raison de son gage, le gagiste ne peut pas empêcher les autres créanciers de faire procéder à la vente de tous les biens de leur débiteur, y compris les objets donnés en gage; mais alors le gagiste, invoquant son privilége, peut se faire payer par préférence sur le prix de la chose engagée.

Dans le cas où la valeur de la chose engagée serait inférieure au montant de la créance garantie, le gagiste aurait le droit de concourir avec les autres créanciers sur le prix des autres biens du débiteur; mais alors il devient simple créancier chirographaire pour le surplus de sa créance, et ne sera payé qu'au marc le franc sur la masse des biens, s'il y a insuffisance.

Le privilége du gagiste est absolu, et peut s'exercer, non-seulement à l'encontre des créanciers chirographaires du débiteur, mais encore à l'encontre du vendeur non payé de la chose engagée. Supposons, par exemple, qu'un individu achète de la marchandise, et, avant de l'avoir payée, la donne en garantie à un tiers. Ce contrat de gage sera parfaitement valable, et pourra être opposé au vendeur lui-même. On a quelquefois cherché à faire prévaloir l'opinion contraire, mais elle est inadmissible. En vain on invoque les droits de la propriété, en vain on soutient que la vente n'a été consentie que sous condition du paiement du prix, et que, par suite du défaut de paiement, la vente doit être résolue. Sans doute, le défaut de paiement du prix peut motiver la résolution de la vente; mais tant qu'elle n'a pas été résolue, l'acheteur en demeure propriétaire à raison de son contrat; il peut la vendre, il peut la donner en gage. D'autre part, on ne trouve aucun article dans le Code qui concède au vendeur de choses mobilières un privilége pour assurer le paiement du prix. Cela est si vrai qu'en cas de faillite de l'acheteur, si la chose vendue et non payée avait été livrée au failli et était en sa possession, le vendeur ne pourrait pas la réclamer et serait assimilé aux autres créanciers, c'est-à-dire que pour le paiement de son prix il devrait concourir avec eux pour n'être payé que proportionellement à l'actif de la faillite. (Art. 576 du Code de commerce).

VI

DES NÉGOCIATIONS RELATIVES AUX MARCHANDISES DÉPOSÉES DANS LES MAGASINS GÉNÉRAUX. — WARRANTS

Après avoir étudié les règles qui régissent le contrat de gage spécialement en matière commerciale, et avoir fait connaître les facilités que la loi de 1863 est venue apporter aux emprunteurs et aux prêteurs, en les débarrassant de formalités inutiles et leur offrant de faciles moyens d'établir la preuve du contrat et de réaliser la vente du nantissement, il importe de dire quelques mots des docks ou magasins généraux et des warrants, application ingénieuse des principes du contrat de gage.

La marchandise, nous l'avons dit, peut être considérée, à raison de sa nature, comme l'objet de gage par excellence. Elle représente, en effet, une valeur très-facile à apprécier et encore plus facile à réaliser en espèces. Les capitalistes ne sauraient souhaiter une meilleure garantie. Mais la marchandise est destinée à être vendue. Or nous savons que, pour que le gage soit utilement constitué, il est nécessaire que la chose engagée soit remise entre les mains du créancier gagiste. Cette remise de la chose empêchait plus tard la vente de l'objet. Sans doute, le débiteur gagiste conservait bien la propriété de sa marchandise; mais il n'avait pas la faculté de la livrer, puisqu'elle était entre les mains de son créancier, qui pouvait la retenir jusqu'au paiement de la dette. De plus, la nécessité de livrer la chose engagée aux créanciers gagistes occasionnait des frais de déplacement souvent considérables. L'institution des magasins généraux et des warrants fait disparaître ces graves inconvénients. Désormais, la tradition de la marchandise pourra s'opérer sans aucun déplacement, par la seule remise d'un titre; et le propriétaire, tout en l'engageant, conservera non plus seulement la propriété de sa chose, mais encore la faculté d'en opérer la tradition.

Les docks ou magasins généraux, tels qu'ils existent aujourd'hui chez nous, sont de vastes établissements publics fondés par des particuliers, avec l'autorisation du gouvernement, dans lesquels un commerçant ou un individu qui ne l'est pas peut déposer ses marchandises, moyennant le paiement d'un certain droit d'emmagasinage. Les déposants reçoivent en échange de la marchandise un titre comprenant deux parties dont l'une porte le nom de *récépissé* et l'autre celui de *warrant* ou bulletin de gage. A l'aide de ce double titre, le déposant pourra engager sa marchandise et la vendre après l'avoir engagée; il lui suffit pour cela de transférer séparément l'une ou l'autre des parties de ce double titre : le récépissé étant l'instrument de la vente, et le warrant l'instrument du gage.

L'institution des docks ou magasins généraux, due au génie pratique des Anglais, fonctionne depuis déjà longtemps chez eux et leur a rendu de signalés services, à ce point qu'on les considère, non sans raison, comme une des causes de leur prospérité commerciale. En Angleterre, la création des docks n'est soumise à aucune autorisation; tout individu peut à ses risques et périls fonder un de ces magasins et délivrer des récépissés ou warrants. Cette grande liberté, qui est en Angleterre la cause de nombreuses fraudes, n'a pas été jugée compatible avec nos mœurs commerciales, et le législateur a subordonné en France la création de ces magasins à une autorisation préalable, qui peut toujours être retirée.

Ceux qui exploitent les docks anglais sont des espèces de courtiers-banquiers qui font des avances de fonds
jusqu'à concurrence des trois quarts de la marchandise.
Voici quel est le mécanisme de l'opération. Le déposant
s'adresse au courtier-banquier qui, sur la remise de son
warrant qu'il garde jusqu'au remboursement, lui avance le
quart de la marchandise engagée. Il reste au déposant le
weight note, qui est l'instrument de vente et qu'il transmet à
l'acheteur. L'acheteur, en recevant le *weight note* qui lui transmet la propriété de la marchandise sous l'obligation de
payer l'avance dont elle est grevée, paie comptant, paie d'a-
vance le quart ou le cinquième du prix au courtier-banquier
qui le remet au vendeur. Dès ce moment, en ce qui concerne
le vendeur, l'opération de la vente est terminée et liquidée,
sauf un solde pour lequel il est crédité chez le courtier-
banquier. (Exposé des motifs de la loi du 28 mai 1858.)
Cette négociation est d'une simplicité extrême. On remarque,
en effet, que, dans le système anglais, les exploitants des
magasins généraux peuvent eux-mêmes faire des prêts sur
warrants, de telle sorte que le propriétaire des marchandises
n'a pas besoin de recourir aux tiers pour obtenir du crédit.

Dans notre système, les exploitants des docks ne sont pas
autorisés à prêter sur warrant. L'art. 4 du décret du 12 mars,
1859, relatif à l'exécution de la loi du 28 mai 1858 sur les magasins généraux, détermine toutes les opérations dont ils peuvent se charger, et le prêt sur warrant n'y figure pas. Il est
hors de doute, quoique cependant cela ait été contesté, que le
gouvernement pourrait les autoriser par décret à faire ce
genre d'opérations. On ne voit pas les motifs qui pourraient
être invoqués pour retirer au gouvernement la faculté
d'accorder cette autorisation. Néanmoins, jusqu'à présent
aucune autorisation de ce genre n'a été accordée, à notre
connaissance du moins. Le gouvernement, après avoir con-
sulté les Chambres de commerce, n'a osé prendre sur ce point
aucune décision. Il y a lieu de regretter une semblable hési-

tation. Il est permis de croire qu'en autorisant les directeurs des magasins généraux à prêter sur warrant et à faire des avances sur nantissement, en supprimant toutes les restrictions, on aurait agrandi le champ des services que cette institution pouvait rendre au commerce..

C'est l'avis de quelques Chambres de commerce et d'un grand nombre de négociants recommandables. C'est aussi l'avis de M. A. Caumont qui, dans ces matières, possède une grande autorité. Pour que le magasin général puisse intervenir utilement, il ne suffit pas de le renfermer dans le rôle d'un simple entrepôt, n'ayant d'autre mission que de conserver la marchandise et de délivrer le double certificat qui la représente. En effet, la nature de ce certificat est complexe. D'une part, sous le nom de *récépissé*, il sert d'instrument à la vente; d'autre part, sous le nom de *lettres de gage* ou *warrant*, il sert d'instrument d'emprunt ou de crédit. Or ces deux titres ont des destinations différentes; le premier doit circuler sur le marché des marchandises; le second, le warrant, circulera sur le marché des capitaux. Il faut cependant qu'ils se retrouvent à un moment donné, soit pour libérer la marchandise grevée, soit pour assurer le remboursement du warrant. Or il n'existe aucune concordance nécessaire entre ces deux opérations. Souvent le propriétaire du récépissé voudra prendre livraison de sa marchandise avant l'époque assignée à l'échéance du warrant, et souvent aussi cette échéance arrivera avant que la marchandise ait mis des fonds à la disposition du souscripteur. A qui appartiendra-t-il d'aplanir ces difficultés, si ce n'est au magasin général, le seul qui puisse favoriser les remboursements anticipés, les renouvellements, les prorogations, les règlements d'intérêts, la réunion et le fonctionnement des coupures, etc., etc.? — N'est-il pas évident dès lors que le magasin général ne pourra remplir cette fonction qu'à condition de disposer par lui-même de capitaux suffisants, c'est-à-dire à la condition d'ouvrir au commerce des

comptes courants garantis par un dépôt de warrants? Il
rendra alors les mêmes services que le courtier-banquier de Londres ou de Liverpool; et ces services, lui
seul est en situation de les rendre, car il remplit la triple
condition : d'avoir sous la main la marchandise qui sert
d'aliment à la vente et au prêt, de créer le double titre qui
le représente, de servir de point de contact nécessaire aux
intéressés divers qui ont des droits à exercer sur la marchandise entreposée. Telles sont les raisons qui font désirer
de voir le procédé anglais s'introduire dans notre pratique
commerciale.

Quoique les docks en France ne soient pas complétement
libres, ce ne sont pourtant pas des établissements publics
dont l'administration dépende de l'État; ils sont de simples
établissements privés dont la création est subordonnée à
l'autorisation de l'État, qui ne l'accorde que moyennant
l'accomplissement de certaines conditions, et qui peut toujours la retirer. Cette faculté qu'a l'État de retirer l'autorisation sert de sanction à la loi, et assure l'accomplissement
des formalités qu'elle prescrit.

Les administrateurs des magasins généraux ainsi constitués ont seuls le droit de délivrer des récépissés ou des
warrants réguliers. Sans doute les négociants peuvent déposer leurs marchandises dans des magasins non autorisés par
le gouvernement; mais ils ne jouissent pas alors des divers
priviléges accordés par la loi aux magasins généraux, notamment en matière de douane. Cette remarque a perdu une
partie de son importance depuis que la loi de 1863 est venue
débarrasser le gage en matière commerciale du formalisme
exigé par le Droit civil. — La personne, qui eût alors avancé
des fonds sur un warrant ou un titre quelconque délivré
par ces magasins non autorisés, aurait couru de grands risques. Le warrant aurait été déclaré nul, et le contrat de gage
n'étant pas revêtu des formalités légales alors exigées aurait
été considéré comme non avenu. Il n'en est plus de même

aujourd'hui. Dans l'espèce dont nous nous occupons, si le warrant n'est pas régulier, le contrat de gage pourra du moins être considéré comme valable, puisque la dépossession du nantissement et la tradition existent et que la preuve du contrat peut être faite par tous les moyens possibles.

Cela dit sur les magasins généraux, et pour ne pas nous écarter trop de notre sujet, nous allons nous occuper d'une manière toute spéciale des warrants.

Malgré les immenses services rendus par les docks et les warrants en Angleterre, cette institution a été importée chez nous tout récemment, et n'est pas encore complétement entrée dans nos habitudes commerciales. C'est en 1848, à la suite d'événements graves qui avaient jeté une grande perturbation dans les affaires commerciales et industrielles, que le gouvernement provisoire, pour conjurer la crise, fonda en France les premiers magasins généraux par un décret en date du 21 mars 1848. Cette institution rendit alors de grands services ; mais cependant elle ne reçut pas, de la part du commerce français, l'accueil qu'elle méritait. La non-réussite tenait à plusieurs motifs. Les institutions nouvelles ont la propriété d'effrayer les esprit qui ne se familiarisent que lentement avec les nouveautés, quelque avantageuses qu'elles puissent être. Il existe en outre un préjugé, d'après lequel les négociants n'ont recours au prêt sur nantissement que lorsqu'ils se trouvent dans une situation embarrassée. — C'est là une erreur que l'exemple des Anglais, mieux que tous les raisonnements, finira par détruire. Mais sans contredit la principale raison qui a écarté les négociants des docks et des warrants, c'est que le décret de 1848, qui avait été sans aucun doute rédigé à la hâte pour répondre aux besoins du moment, contenait plusieurs dispositions vicieuses qui en rendaient le fonctionnement très-difficile. Dans le but de mettre en rapport avec nos mœurs commerciales cette institution, on l'avait entourée de mesures restrictives qui embarras-

saient sa libre allure et lui empêchait de rendre tous les
services dont elle est susceptible. — Les négociants récla-
mèrent des réformes, et la loi du 28 mai 1858, complétée
par un décret réglementaire en date du 12 mars 1859, vint
remanier complétement la matière en donnant satisfaction
aux plaintes élevées contre le système de 1848.

Les négociants et industriels peuvent déposer les matières
premières, marchandises ou objets manufacturés, dans les
magasins généraux établis à cet effet. La loi, dans son
premier article, ne vise que les négociants et industriels ; on
aurait cependant tort d'en conclure que les autres personnes,
telles que les fermiers et les agriculteurs par exemple, ne
peuvent jouir du même privilége pour les produits de leur
culture. — L'art. 6 du décret réglementaire oblige, en effet,
les exploitants des magasins généraux et des salles de vente
à les mettre sans préférence ni faveur à la disposition de
toute personne qui veut opérer le magasinage ou la vente de
ses marchandises.

En échange de ses marchandises, le propriétaire ou le
consignataire reçoit un récépissé et un warrant ou bulletin
de gage. Le premier de ces titres est destiné à servir d'instrument de vente ou de cession, à donner le droit de
disposer des marchandises; le second, à servir d'instrument
de crédit, à transférer au prêteur la possession du gage.
Ainsi muni de ces titres, le déposant aura plusieurs partis
qu'il pourra prendre à son gré. — Il pourra, ou bien vendre
sa marchandise, ou bien la mettre d'abord en gage, en se
réservant la faculté de la vendre plus tard.

S'il veut transmettre définitivement et sans réserve la
propriété de sa marchandise, il lui suffira de remettre à son
acquéreur ses deux titres, ce qu'il pourra faire à l'aide d'un
simple endossement. Le déposant sera ainsi dépossédé, et
l'acheteur deviendra propriétaire de la marchandise déposée
vis-à-vis du magasin général, et vis-à-vis des tiers, par le
seul fait de l'endossement; le cessionnaire se trouvera, en

ce qui touche la propriété de la marchandise, entièrement substitué à son cédant, sans qu'aucun déplacement ait été nécessaire.

Si le déposant ne veut pas ou ne peut pas vendre sur le moment sa marchandise, il aura la faculté de la donner en gage. Pour ce faire, il n'aura qu'à détacher le warrant et à le remettre en l'endossant à son prêteur. En cédant ainsi son warrant pour constituer le gage, le déposant de la marchandise conserve le récépissé qui est son titre de propriété dont il pourra se servir, si cela lui convient, pour opérer la vente.

D'après le décret du 21 mars 1848, le magasin général ne délivrait au déposant qu'un seul titre qui devait servir à la fois d'instrument de vente et d'instrument de crédit. Mais l'unité de titre produisait cette conséquence fâcheuse qu'après avoir livré son titre pour opérer le gage, le propriétaire n'avait plus entre les mains aucun document établissant sa propriété, et ne pouvait plus vendre sa chose. Par la création des deux titres, ces deux opération successives peuvent aujourd'hui se faire sans difficulté.

Ici se révèle tout ce que présente d'ingénieux le mécanisme des warrants et quelle application féconde la pratique a su faire des principes qui régissent le gage. Cette faculté, accordée par la loi au déposant d'opérer le nantissement à l'aide d'un simple endossement, n'est pas en effet une dérogation aux principes du gage que nous avons énoncés, et d'après lesquels la remise de la chose est nécessaire à la constitution du contrat. — La remise s'opère ici, mais d'une manière fictive. Le magasin général, qui détenait d'abord pour le compte du déposant, détient à la suite de l'endossement pour le compte du cessionnaire. Cette mise en possession fictive est parfaitement conforme aux principes qui ont été consacrés par la nouvelle loi de 1863 sur la matière du gage.

Les _récépissés_ délivrés aux déposants énoncent leurs nom.

profession et domicile, ainsi que la nature de la marchandise déposée, et les indications propres à en déterminer la valeur. La loi n'a pas prescrit d'une manière précise la forme et les termes qui doivent être adoptés dans leur rédaction; elle a préféré s'en remettre entièrement sur ce point au commerce, pensant avec raison qu'il saurait trouver la forme la plus convenable.

L'arrêté du 26 mars 1848, art. 5, exigeait qu'entre autres indications portées sur le récépissé, on énonçât la valeur de la marchandise, non pas la valeur déclarée par le déposant, mais la valeur vénale au cours du jour, telle qu'elle pouvait être constatée par une expertise à laquelle devaient procéder des experts choisis par la Chambre de commerce, le conseil municipal ou la chambre consultative des arts et manufactures parmi les négociants, et assistés d'un courtier de commerce ou d'un commissaire-priseur. Cette formalité avait pour inconvénients et de retarder la délivrance des récépissés et d'obliger le déposant à des pertes de temps et à des frais; elle mettait de plus dans le secret de ses affaires des tiers, des confrères, des concurrents : ce qui pouvait nuire au succès des opérations. Aussi la loi du 28 mai 1858 a-t-elle supprimé l'expertise qui avait été déclarée par les commerçants non-seulement embarrassante, mais encore inutile.

Les *warrants* contiennent absolument les mêmes énonciations que les récépissés; elles y sont identiquement reproduites. On s'est entendu pour adopter dans divers magasins généraux, à Paris, au Havre, Rouen, une rédaction qui fonctionne régulièrement depuis déjà longtemps sans avoir soulevé aucune objection.

Les récépissés de marchandises et les warrants y annexés sont extraits d'un registre à souche, ainsi que le veut l'art. 13 du décret du 12 mars 1859. Chaque page du registre à souche est divisée en deux parties, vis-à-vis desquelles se trouvent le récépissé et le warrant que l'on détache et que l'on remet aux déposants. — La première partie de la souche à laquelle répond le récépissé renferme : 1° le numéro sous lequel le dépôt a lieu; 2° les nom, prénom, profession et domicile du déposant; 3° la provenance des marchandises, avec le nom du navire ou de la voiture qui a effectué le transport; 4° le nombre, les espèces et les marques des marchandises; 5° leur nature et leur poids brut. La seconde partie de la souche, en face de laquelle est le warrant, porte en titre ces mots : *Transcription des endossements*. Elle contient les numéros d'ordre, les dates, les noms des cessionnaires, les sommes avancées et les échéances. Sur les récépissés et sur les warrants sont reproduites les énonciations qui figurent sur la souche.

Il est une autre indication qui figure sur le récépissé, indication dont la loi de 1858 ne parle ni dans son texte, ni dans son exposé des motifs, mais dont la pratique a révélé la nécessité. Cette indication a pour but de prévenir une fraude qui s'était produite plusieurs fois. Après avoir négocié les warrants et avoir touché le montant du prêt, les déposants avaient offert leurs récépissés à d'autres personnes sans les prévenir que les marchandises étaient engagées et les leur avaient vendues comme libres. Les acheteurs trompés payaient leurs vendeurs; et, quand ils se présentaient au magasin pour retirer les choses achetées, comme il n'étaient pas porteurs des warrants, on leur refusait la délivrance. Pour l'obtenir, ils étaient obligés de payer les porteurs des warrants. — Les magasins généraux exigent, pour rendre cette fraude impossible, que le récépissé indique si le warrant a été négocié, pour quelle somme, et à quelle échéance. (DAMASCHINO, n° 124.)

Après avoir donné son warrant à titre de garantie, le déposant conservera, comme nous l'avons dit, entre ses mains le récépissé qu'il pourra endosser au nom d'un tiers. Il transmettra ainsi à son cessionnaire le droit de disposer de la chose; mais ce droit ne sera pas absolu, puisque la marchandise est déjà grevée d'un droit réel au profit du cessionnaire du warrant. Le cessionnaire du récépissé devra payer la créance garantie par le warrant qui circule d'autre part, ou en laisser payer le montant sur le prix de la vente de la marchandise.

Le warrant et le récépissé, ainsi cédés par le déposant, peuvent de nouveau être cédés par le cessionnaire à l'aide d'un nouvel endossement. Par suite des endossements successifs de ces deux titres séparés, il arrivera que le propriétaire de la marchandise changera avec chaque endossement du récépissé; de même que chaque endossement du warrant remplacera l'ancien créancier gagiste par un nouveau. La marchandise circulera ainsi sans frais et avec la plus grande facilité.

La loi a soumis l'endossement des warrants à des formalités différentes de celles exigées pour l'endossement des récépissés; mais ces règles spéciales ne sont applicables que lorsque le warrant est transmis séparément. *L'endossement du récépissé et du warrant transféré ensemble ou séparément doit être daté. L'endossement du warrant, séparé du récépissé, doit en outre énoncer le montant intégral en capital et intérêts de la créance, garantir la date de son échéance et les nom, profession et domicile du créancier* (art. 5). Pour transférer la propriété, il suffira donc que l'endossement soit daté et signé; s'il s'agit de warrant, l'endossement doit contenir d'autres énonciations. On comprend facilement les motifs de cette différence. Il était utile que **celui** auquel le récépissé est cédé pût à l'aide d'un moyen quelconque s'assurer du montant de la créance, que garantissent les marchandises dont il va devenir propriétaire à la charge de les libérer.

Afin que l'acquéreur de la marchandise puisse plus facilement connaître le montant des dettes dont elle est grevée, la loi exige une transcription complète de l'endossement sur les registres du magasin général, qui pourront toujours être consultés dans le cas où le porteur du warrant demeurerait inconnu.

Le premier cessionnaire du warrant doit immédiatement faire transcrire l'endossement sur les registres, avec les énonciations dont il est accompagné (art. 5). Les rédacteurs de la loi de 1858 ont exigé cette transcription, pour se conformer aux règles prescrites par l'ancien art. 95 du Code de commerce, en matière de gage. Cet article exigeait, quand le nantissement avait lieu entre négociants habitant la même place, que l'acte fût enregistré. Afin de ne pas déroger à cette loi et pour amoindrir, néanmoins, les difficultés que cette prescription n'aurait pas manqué de susciter aux négociants, la loi a assimilé à l'enregistrement la transcription sur les registres du magasin, et lui a accordé les mêmes effets, le préposé étant une sorte d'officier public dont la déclaration offre toute garantie de sincérité.

La nécessité de l'enregistrement, en matière de gage constitué même par voie d'endossement, a disparu du Code de commerce depuis la réforme de 1863. Doit-on dire que cette loi a implicitement abrogé la prescription de la loi de 1858 et a rendu la transcription inutile? Non, assurément. Une loi générale, en matière de gage, ne saurait indirectement modifier les règles spéciales sur notre sujet; il faudrait pour cela un texte précis qui n'existe pas. D'ailleurs, la transcription a une grande utilité dans notre matière. Les intéressés pourront, par ce moyen, connaître d'une manière officielle et authentique quelle est l'importance de la créance dont la marchandise est grevée. Il faut donc décider que la transcription de l'endossement est encore exigée et doit être opérée à peine de nullité. Si, cette formalité n'ayant pas été remplie, le propriétaire de la marchandise warrantée, après avoir endossé son varrant, venait à être déclaré en état de faillite ou de cessation de paiement, les art. 446 et suiv. du Code de commerce deviendraient applicables, et le gage résultant du varrant ne pourrait pas être opposé à

la masse des créanciers. Cette solution peut paraître rigoureuse en présence de la nouvelle loi de 1863 sur le gage;
mais les principes repoussent toute autre interprétation.

La loi de 1858 n'exige la transcription que pour le premier endossement du warrant. C'est là encore une réforme
opérée sur le décret de 1848, qui exigeait la transcription de
l'endossement sur les registres du magasin à chaque nouveau transfert. Il en résultait une très-grande gêne pour le
commerce, qui a réclamé contre cette disposition. Le législateur a reconnu que la transcription n'était vraiment indispensable et ne l'a imposée que pour le premier endossement; mais il peut cependant y avoir utilité à faire transcrire les endossements ultérieurs, qu'il s'agisse de warrants
ou de récépissés; c'est un moyen de faciliter les rapports
du propriétaire de la marchandise avec le créancier gagiste,
à l'occasion du remboursement direct que le premier pourrait vouloir faire au second. Le règlement d'administration publique du 12 mars 1859, art. 16, porte donc : *que
tout cessionnaire du récépissé ou du warrant peut seul exiger
la transcription, sur les livres à souches dont ils sont extraits, de
l'endossement fait à son profit, avec l'indication de son domicile.*

Tout en permettant au propriétaire de la marchandise de
la transmettre, d'une part à titre de gage, d'autre part à
titre de nantissement, il fallait trouver une combinaison
telle que la mise en gage ne nuisît pas à la vente. Si la marchandise warrantée avait dû rester grevée du privilège du
gagiste jusqu'à l'échéance de la dette qu'elle garantit, sans
qu'il fût possible de la dégrever, le dépositaire aurait difficilement trouvé à céder son récépissé, le cessionnaire étant
obligé d'attendre l'échéance de la dette pour retirer la marchandise du magasin. Aussi, la loi a-t-elle autorisé le porteur
du récépissé, séparé du warrant, à payer, même avant
l'échéance, la créance garantie par le warrant. Et il n'y
a pas à distinguer si le récépissé est resté dans les mains
du dépositaire, ou s'il a été transmis par endossement. *Le*

porteur du récépissé, séparé du warrant, dit la loi en s'expri-
mant d'une manière générale, *peut avant l'échéance payer la
créance garantie par le warrant.* (Art. 6 de la loi de 1858.)

Lorsque le porteur du récépissé voudra user de cette
faculté, deux hypothèses pourront se présenter : ou bien le
porteur du warant sera connu, ou bien il demeurera ignoré,
ce qui pourra se présenter souvent puisque le warrant peut
successivement passer de mains en mains sans que ces chan-
gements soient constatés ailleurs que sur le titre lui-même.

Si le porteur du warrant est connu, le détenteur du
récépissé devra s'entendre avec lui sur les conditions auxquelles pourra avoir lieu ce paiement. S'ils ne tombent pas
d'accord, ou si le porteur du warrant est inconnu, le détenteur du récépissé consignera la somme due, y compris les
intérêts jusqu'à l'échéance, entre les mains de l'administration du magasin général. C'est alors qu'apparait l'utilité
de l'inscription de l'endossement et des énonciations qui
l'accompagnent. A l'aide de cette transcription, le montant
de la créance garantie ainsi que celui des intérêts dus jusqu'à l'échéance pourront être facilement connus.

Le porteur du warrant peut, s'il n'est pas payé à l'échéance, faire vendre la chose warrantée, pour s'en faire attribuer
le prix jusqu'à concurrence du montant de sa créance.
Puis, si le prix est insuffisant pour désintéresser complétement le porteur du warrant, celui-ci pourra poursuivre
personnellement le débiteur et les endosseurs. Avant de
procéder à la vente, le porteur du warrant doit d'abord le
faire protester au domicile du débiteur, en se conformant
pour cela aux règles prescrites par l'art. 173 du Code de
commerce, auxquelles la loi renvoie implicitement puisqu'elle n'établit pas de règles nouvelles.

Ce n'est que huit jours pleins après le protêt qu'il pourra
être procédé à la vente. Pendant les huit jours, le débiteur
pourra encore, après le protêt, payer utilement le capital,
les intérêts et les frais.

Qu'arrivera-t-il, si, à l'échéance ou pendant les huit jours qui suivent le protêt, le souscripteur primitif paye au porteur du warrant le montant de la dette garantie? Le projet de loi ne visait pas le cas; mais la commission, à l'aide d'un amendement, a comblé cette lacune. Le nouveau texte subroge le débiteur qui a remboursé aux droits du porteur du warrant qu'il a désintéressé, et lui accorde la faculté de faire vendre les marchandises pour se rembourser sur le prix. A partir de quel moment la vente pourra-t-elle être faite? Il n'y a plus de protêt qui puisse servir ici de point de départ; la loi a donc décidé que la vente pourrait être faite huit jours après l'échéance. « *Dans le cas où le souscripteur primitif du warrant l'a remboursé, il peut faire procéder à la vente de la marchandise, comme il est dit au paragraphe précédent, contre le porteur du récépissé, huit jours après l'échéance et sans qu'il soit besoin d'aucune mise en demeure.* » (Art. 7.) Ces derniers mots de l'article ont pour but de repousser une proposition d'un député qui demandait que, trois jours au moins avant la vente de la marchandise, sommation d'y assister soit faite au propriétaire de la marchandise engagée. Cette mise en demeure a été considérée comme inutile, et la proposition écartée.

Le législateur a tenu à rendre aussi facile que possible la réalisation du gage; aussi le porteur du warrant ou le souscripteur primitif qui a remboursé pourront-ils y procéder dans le délai de la loi, c'est-à-dire huit jours après le protêt ou l'échéance suivant la distinction ci-dessus indiquée, sans aucune formalité de justice préalable, en se conformant aux formes indiquées dans la loi du 28 mai 1858 sur les ventes de marchandises en gros.

La marchandise une fois vendue, le porteur du warrant a un privilége pour se faire payer par préférence sur le prix; mais son droit de préférence ne peut s'exercer qu'après le paiement : 1° des contributions indirectes, des taxes d'octroi et des droits de douane dus par la marchandise; 2° des

8

frais de vente, de magasinage, et autres faits pour la conservation de la chose.

Dans le gage constitué à l'aide du warrant, on rencontre les deux droits que nous avons dit être la conséquence du contrat de gage : le droit de rétention et le droit de préférence, le privilége. — Le droit de rétention s'exerce avec la plus extrême facilité. Le magasin général se refusera à délivrer la marchandise au porteur du récépissé, si celui-ci ne représente pas en même temps le warrant, à moins toutefois que le porteur du récépissé ne consigne une somme suffisante pour faire face au paiement de la créance, des intérêts et des frais, ainsi que le permet l'art. 6.

Le privilége du porteur du warrant se présente dans les conditions les plus favorables. Il viendra en première ligne, sauf pourtant deux exceptions, l'un en faveur de la douane, l'autre en faveur du magasin général. Remarquons, comme le fait observer l'exposé des motifs lui-même, que la marchandise est affranchie du privilége général de la douane sur l'ensemble des meubles et effets mobiliers, tel qu'il est constitué par l'art. 22, titre XIII, de la loi des 6-22 août 1791 en le réduisant aux droits spécialement dus par la marchandise elle-même. Le privilége général aurait pu inquiéter les prêteurs, puisqu'il pouvait éventuellement absorber la valeur entière de la marchandise. En outre, aux termes de l'art. 17 du décret du 12 mars 1850, l'administration du magasin général est tenue à toute époque, sur la demande du porteur du récépissé ou du warrant, de liquider les dettes et les frais dont le privilége prime celui de la créance garantie par le warrant. Le prêteur pourra ainsi évaluer, d'une manière à peu près précise, quelle sera la valeur réelle de la marchandise, déduction faite des dettes.

Si la marchandise était assurée, et si elle venait à périr, le porteur du récépissé aurait sur l'indemnité due par l'assureur, le même privilége qu'il a sur le prix de la marchandise elle-même. « Les porteurs de récépissés ou de warrants, dit l'art. 10 de la loi du 28 mars 1858, auront sur les indemnités d'assurances dues, les mêmes droits et priviléges que sur la marchandise assurée. » Sous l'empire de l'arrêté du 26 mars 1848, l'assurance des marchandises déposées était obligatoire. La loi de 1858 n'a pas reproduit cette obligation ; elle a laissé au propriétaire la faculté de faire ou de ne pas faire assurer ses marchandises. Elle a pensé et avec raison qu'il valait mieux laisser aux parties la liberté sur ce point.

Il peut se faire que la partie disponible du prix de la marchandise warrantée, soit inférieur au montant de la somme avancée. Dans ce cas, mais dans ce cas seulement, le porteur aura un recours contre l'emprunteur et les endosseurs. C'est ce que décide l'art. 9 de la loi du 28 mars 1858 qui est ainsi conçu : « *Le porteur du warrant n'a de recours contre l'emprunteur et les endosseurs qu'après avoir exercé ses droits sur la marchandise et en cas d'insuffisance. Les délais fixés par les art. 165 et suivants du Code de commerce, pour l'exercice du recours contre les endosseurs ne courent que du jour où la vente de la marchandise est réalisée. Le porteur du warrant perd en tous cas son recours contre les endosseurs s'il n'a pas fait procéder à la vente dans le mois qui suit la date du protêt.* » Cet article modifie sur ce point la législation de 1848. D'après l'art. 11 de l'arrêté du ministre des Finances du 26 mai 1848, le cessionnaire porteur du récépissé, qui, nous le savons, servait à la fois d'instrument de gage et d'instrument de crédit, pouvait à son choix exercer son recours contre l'emprunteur et les endosseurs ou sur la marchandise déposée. Cette faculté d'option accordée au porteur du récépissé avait provoqué les réclamations du commerce qui déclarait ce double recours inutile. Les garanties résultant du warrant sont en effet complétement suffisantes. On ne prête d'habitude sur warrant qu'une somme inférieure d'un quart environ à la valeur de la marchandise warrantée, de telle sorte que le recours général accordé au prêteur grevait le crédit de l'emprunteur sans utilité pour personne. La loi nouvelle a bien accordé au prêteur sur warrant un recours sur tous les biens de l'emprunteur et des endosseurs; mais elle lui a défendu de l'exercer avant de savoir si le prix de la marchandise serait insuffisant pour le désintéresser.

Lorsque le prix sera insuffisant pour le désintéresser, le porteur du warrant pourra s'adresser à l'emprunteur ou à l'un quelconque des endosseurs pour lui réclamer l'excédent; il pourra même les assigner silmutanément tous ensemble. Pour conserver son droit contre les endosseurs, le porteur sera tenu de leur signifier le protêt dans le délai de quinze jours à partir de la vente. La loi reproduit ici, en les modifiant, les dispositions des art. 158 et 165 du Code de commerce. L'art. 165 déclare que la signification du protêt aux endosseurs doit être fait dans les quinze jours qui suivent le protêt. La signification dans le même délai eût été impossible en notre espèce, puisqu'il est indispensable que la vente de la marchandise soit faite pour savoir si le recours sera utile; c'est pour cela que le délai de quinzaine ne commence à courir qu'à partir de la vente. De plus, afin de mieux sauvegarder encore les intérêts des endosseurs, le législateur à imposé au porteur du warrant l'obligation de faire procéder à la vente dans le délai d'un mois à partir de la date de la signification du protêt (art. 9). La loi dit que le porteur du warrant doit faire vendre dans le délai d'un mois, sous peine de perdre son droit de recours contre les endosseurs; elle ne parle pas du recours contre l'emprunteur. Doit-on lui appliquer par interprétation les dispositions de l'article? non, car en opposant à son prêteur la déchéance, il s'enrichirait injustement. Cependant, s'il pouvait établir que la marchandise était d'une valeur suffisante pour payer la créance et les frais, si la vente avait été faite dans le mois et que le retard que le porteur à mis à poursuivre la vente est la cause de la dépréciation, le porteur serait mal fondé à venir réclamer, puisqu'il devrait s'imputer à lui-même la perte qu'il subit.

La loi a prévu le cas où le porteur viendrait à perdre son titre, elle lui fournit alors les moyens de le remplacer : « *Celui qui a perdu un récépissé ou un warrant, dit l'art. 12, peut demander et obtenir par ordonnance du juge en justifiant de sa propriété et en donnant caution, un duplicata, s'il s'agit d'un récépissé; le paiement, s'il s'agit de warrant.* » Cet article s'explique de lui-même et n'a pas besoin de commentaire.

Les négociants, les établissements de crédit privés peuvent prêter aux conditions qu'il leur convient, et, en présence des garanties que présente le warrant, ils ne doivent éprouver aucune hésitation. Il n'en est pas de même des établissements de crédit public; ceux-ci sont liés par les règlements qui leur sont imposés dans l'intérêt public. Ainsi les règlements de la Banque, ne permettent d'escompter que des effets de commerce revêtus d'au moins trois signatures notoirement solvables. La loi a tenu compte du surcroît de garantie qui résulte de la consignation de la marchandise dans les magasins généraux; elle autorise les établissements publics à recevoir les warrants comme effets de commerce, avec dispense d'une des signatures exigées pas les statuts. Ainsi la Banque de France pourra recevoir les warrants revêtus de deux signatures seulement. Pour le Comptoir d'escompte, une seule signature suffit, puisque d'après ses statuts, il peut escompter les autres effets de commerce alors qu'ils ne sont revêtus que de deux signatures.

POSITIONS

I. DROIT ROMAIN

I. Le *pignus nominis* est une hypothèque et non un gage.

II. L'*actio præscriptis verbis* est une action de bonne foi.

III. Pour concilier la loi 13 § 5, dig. de *pign. et hyp.* L. XX, t. 1, de Marcien, avec la loi 14 d'Ulpien, *ibidem*, il faut dire qu'il y a dans un cas gage, et dans l'autre hypothèque.

II. DROIT CIVIL.

I. L'héritier qui renonce à la succession pour s'en tenir au don ou au legs ne peut cumuler la réserve et la quotité disponible.

II. L'héritier véritable peut-il revendiquer contre les tiers acquéreurs les biens aliénés par l'héritier apparent? Oui.

III. La légitime défense n'est pas exclusive de la responsabilité civile.

IV. Quand on aliène un immeuble pour un prix déterminé en capital et que ce capital est converti en rente dans le même contrat, y a-t-il rente foncière régie par l'art. 530 du Code civil, ou bien rente constituée régie par les art. 1119 et suivants du Code civil. — Il y a rente foncière.

V. La prescription de cinq ans, organisée par l'art. 2277 du Code civil s'applique même aux intérêts judiciaires.

III. PROCÉDURE CIVILE

I. La déchéance résultant de l'écoulement du délai fixé par l'art. 444 du Code de procédure civile est d'intérêt public.

II. Les tiers désignés par les premiers mots de l'art. 548 ne peuvent pas, sans se compromettre, consentir à l'exécution que le jugement a mise à leur charge, tant qu'il ne leur est pas prouvé non-seulement qu'il n'y a pas, mais encore qu'il n'y aura pas d'opposition ou d'appel qui puisse faire rétracter ou réformer ce jugement.

III. Dans le cas où le créancier gagiste ne conclut qu'à l'un des partis que lui offre l'art. 2078 du Code civil le juge qui lui imposerait l'autre parti comme plus favorable au débiteur, jugerait *ultra petita*.

IV. DROIT COMMERCIAL

I. Le voiturier conserve-t-il son privilége, même après qu'il s'est dessaisi de la chose voiturée en la remettant au destinataire sans recevoir son paiement? Non.

II. Les actes d'une femme commerçante mariée sous le régime exclusif de communauté obligent le mari qui l'a autorisée.

V. DROIT COMMERCIAL MARITIME

I. Faut-il assimiler, au point de vue de la responsabilité du capitaine de navire, les marchandises chargées dans la dunette aux marchandises chargées sur le tillac? Oui.

II. La propriété des navires est-elle transférée, à l'égard des tiers, par le seul consentement? Oui.

VI. DROIT CRIMINEL

I. La mort du mari n'arrête pas la poursuite d'adultère dirigée contre la femme.

II. Un individu poursuivi pour crime et acquitté devant la cour d'assises, peut-être poursuivi, pour le même fait, devant le tribunal correctionnel.

VII. DROIT ADMINISTRATIF

I. Le conflit peut être élevé sur l'action civile soit devant les tribunaux criminels, soit devant les tribunaux correctionnels, même en dehors des cas prévus par l'art. 2 de l'ordonnance de 1828.

II. Le conflit peut être élevé devant le jury d'expropriation.

III. Les questions relatives à l'interprétation d'un acte de concession de lais et de relais de la mer, ne peuvent être tranchées que par les tribunaux civils.

Vu par le Président de la thèse,

Bordeaux, le 15 février 1872.

AUG. RIBÉREAU.

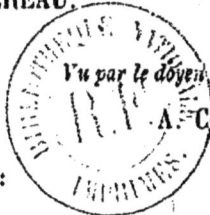

Vu par le doyen de la Faculté de Droit,

A. COURAUD.

Vu et permis d'imprimer :

Le Recteur,

CH. ZEVORT.

TABLE DES MATIÈRES

DROIT ROMAIN

DROIT FRANÇAIS

Bordeaux, imp. Duverdier et Cⁱᵉ (Durand directeur), rue Gouvion, 7.

BORDEAUX. — IMP. DUVERDIER & Cie (DURAND, DIRECTEUR),
rue Goution, 7.

www.ingramcontent.com/pod-product-compliance
Lightning Source LLC
Chambersburg PA
CBHW062041200326
41519CB00017B/5093